GUIDE DES
SUGGESTIONS
HYPNOTIQUES

D1731893

Luc Vacquié

GUIDE DES SUGGESTIONS HYPNOTIQUES

HYPNOSE DE
RÉFÉRENCE

— L'hypnose se passe dans la tête mais pas de suggestions !

Sommaire

INTRODUCTION :

Qu'est-ce qu'une suggestion ?

— *La suggestion, est le carburant de l'hypnose.*

C'est une idée qui se transforme en acte[1]. — D'où l'intérêt en thérapie ou en coaching de glisser des suggestions[2] au sujet pour le mettre en mouvement. Proposez subtilement une idée et observez les actes comme autant de résultats de votre suggestion si elle est passée.
Une suggestion n'est pas un ordre que l'on reconnait car il est souvent à l'impératif :

---

[1] Selon Bernheim
[2] A l'état d'éveil ou sous hypnose.

9

— *Mange ton yaourt !*
Une suggestion n'est pas une instruction. Elle se distingue notamment :
1. d'un mode d'emploi :
— *Appuyez sur le bouton marche.*
2. des conseils qui ne sont que rarement suivis :
— *Moi si j'étais toi....*
3. et même de la philosophie qui elle aussi ne change pas souvent les comportements humains.
— *Ce qui ne nous tue pas nous rend plus fort !*
Quoique certaines formules de philo peuvent faire leur chemin comme des suggestions :
— *Choisir c'est renoncer !*
Ce qui caractérise une suggestion c'est qu'elle provoque une certaine dose d'involontarité[3], cette perte d'agentivité[4] que ressent le sujet lorsque la suggestion est passé. Par exemple vous suggérez un déplacement dans la salle.
— *En venant au tableau pouvez-vous penser à un nombre à quatre chiffres ?*
Lorsque le sujet est installé au tableau, tout fier de pouvoir énoncer :
— *4534 !* — il se peut, mais ce n'est pas obligatoire qu'il ressente consciemment comme un sentiment d'involontarité pour ce déplacement suggéré et éventuellement une légère perte d'agentivité. L'émetteur de la suggestion qui connait son intention, voire un observateur extérieur, serait d'ailleurs mieux placé pour calibrer cette involontarité.

---

[3] Le test de l'involontarité, c'est lorsque le sujet est défié et qu'il constate que malgré ses efforts, il est incapable d'accomplir un acte ordinaire comme décoller sa main. [voir § S. de défi]

[4] Le concept d'agentivité désigne, la capacité des individus à être des agents actifs de leur propre vie, c'est-à-dire à exercer un contrôle et une régulation de leurs actes.

Dans suggestion, il y a « gestion » mais c'est un détail trompeur car contrairement à ce qui peut se gérer consciemment, l'élaboration des suggestions est plutôt du domaine de l'improvisation pilotée par l'inconscient. Cette production souvent quasi inconsciente fait la spécificité de l'apprentissage de l'usage des suggestions en hypnose. Il y a d'ailleurs une certaine logique à imaginer qu'il faut utiliser l'inconscient du thérapeute ou du coach pour parler à l'inconscient du sujet. Comme dans cette définition de l'hypnose :

— *Une conversation à quatre avec deux fauteuils*

Qui a le mérite de mettre en scène les protagonistes de la suggestion hypnotique.

Qu'est ce qui est plus fort que la suggestion ? Si l'on devait énoncer une hiérarchie, je placerais au-dessus de la suggestion, l'intention qui est une forme de méta suggestion et en dessous l'action qui peut être mentale ou musculaire et découle de la suggestion.

Intention
Suggestion
Action

Car selon Pierre Janet : — *L'idée de la chose précède la réalisation de la chose.*

Que l'on utilise ou non l'hypnose, la suggestion, bien utilisée est un couteau suisse capable d'implanter une idée dans la tête, de changer un train de pensée, d'initier un processus inconscient asynchrone qui peut tourner ensuite pendant des jours. Et pour autant, elle peut toujours être refusée par le sujet si cela va à l'encontre des valeurs de son observateur inconscient. Milton Erickson a bien précisé que :

– L'hypnose clinique ne repose pas sur l'exécution de suggestions mais sur l'exploration de potentialités dont ne seront retenues et utilisées que celles pour lesquelles le sujet présente des aptitudes.

Cependant les formes les plus subtiles de suggestion sont rarement refusées parce qu'elles sont quasi invisibles dans le discours. Ce n'est pas pour rien que le mot « suggestion » commence par « s » comme subtil. D'où l'intérêt de les découvrir et de les connaitre en traversant ce guide.

— Vous allez visiter plus de 180 suggestions et vous aurez parfois envie de cocher la case ☐ pour dire votre préférence et le plaisir de lire. Si vous lisez avec un crayon cela facilitera la mise en place d'une pensée sélective et par la suite votre apprentissage inconscient de ces nouvelles suggestions qui viendront s'ajouter à votre répertoire.

— L'hypnose est un état d'esprit dans lequel le sens critique de l'être humain est contourné et une pensée sélective mise en place.
(Dave Elman, 1970)

D'où viennent les suggestions ?

Depuis que l'individu est né, il y a des suggestions !

Dès la naissance le bébé, pendu par un pied, se voit suggérer kinesthésiquement de prendre une grande inspiration avec une petite claque sur les fesses.

Ensuite notre curiosité naturelle nous rend suggestible et c'est d'ailleurs la base de nos capacités d'apprentissage. Nous avons appris le langage par imitations, par suggestion de contexte pour la plupart des mots que nous connaissons sans avoir lu leur définition dans le dictionnaire. Nos parents nous suggèrent, font de l'hypnose parentale sans le savoir et nous apprenons à les imiter ou les contrarier :

— *Si vous mettez un bavoir à un bébé, il bave ! {Vous lui avez suggéré de baver}*

Le cinéma nous suggère : Il nous hypnotise et nous acceptons d'être absorbée le temps d'un bon film. Walter Murch, célèbre monteur et réalisateur du « Patient anglais » explique que :

— *Un bon montage de film fait respirer les spectateurs en même temps que le personnage, et même cligner des yeux simultanément.*

La publicité nous suggère : Elle nous entraine à dé-penser et nous découvrons d'autre besoins :

— *De quel aspirateur avez-vous besoin ?*

La transmission orale suggère : Quand la transmission des histoires se fait oralement, les rimes sont souvent utilisées pour faciliter la mémorisation. Elles véhiculent une suggestion aidante comme sur cet exemple pioché dans mes souvenirs :

— *Nous partîmes trois cents, mais par un prompt renfort nous nous vîmes trois mille et arrivant :*
☐ *vers midi*
☐ *au bout de la rue*
☐ *au port*

L'hypnose parentale utilise la suggestion : car lorsqu'on vit ensemble, que l'on partage la maison, les repas, les sorties, il est aisé de passer des suggestions journalièrement.
— *Toute communication profondément humaine est à base d'hypnose.* (Aroaz)

Parmi ces suggestions, les formules parentales que nous lèguent nos parents fonctionnent parfois avec la discordance des temps comme avec cette connaissance cruciale dispensée sur la manipulation du café :

— *Café bouillu café foutu !*

Ici la suggestion utilise la rupture de pattern cognitive qui survient en forçant la rime. À l'école, on apprend la concordance des temps qui est un marqueur social de reconnaissance d'un niveau d'instruction. Par la suite faire délibérément une faute qui accroche l'oreille est un puissant moyen de suggestion vers l'inconscient.

La pédagogie suggère quelquefois : La suggestion a été étudiée à l'état brut précisément dès 1900 par Binet dans un contexte de pédagogie. Le langage peut être utilisé dans une rhétorique hypnotique pour suggérer des idées puis des résultats en pédagogie ainsi :
—*Pouvez-vous essayer cet exercice ?*
{Présupposé : vous pouvez échouer}
Les professeurs expérimentés préfèrent la formulation suivante :
— *Je me demande en combien de minutes vous allez réussir cet exercice ?* {Présupposé : vous allez réussir}

La rhétorique d'Aristote suggère toujours : Cet art de composer un texte ou un discours en vue de convaincre ou de plaire. Aristote considérait que c'était : — *La faculté de découvrir spéculativement ce qui dans chaque cas est propre à persuader. Et que le bon orateur vous prend par la main et vous mène ou il veut en vous faisant visiter la maison.*

Par exemple avec la prétérition cette formule de rhétorique qui permet de baisser le facteur critique :
— *Je ne vous parlerais pas ici de l'importance de la suggestion en hypnose, ni des livres de l'auteur sur la stratégie et de la relation entre la stratégie et la suggestion...*

La rhétorique hypnotique ne cesse de suggérer : C'est un parler flou en forme de rhétorique particulière non pas pour convaincre, mais suggérer ! Attention « convaincre » est différent de « persuader » ou même de « suggérer » !

— *Ah, la subtilité de l'hypnose ericksonienne !*

La suggestion ne sert pas qu'à faire des inductions

Au-delà de l'induction, les suggestions servent à insérer des idées dans le train de pensée du sujet : les émotions, la réussite, les progrès, l'autonomie etc.... Et à le faire changer d'état d'esprit sur de nombreux points avant et après lui faire de l'hypnose.

Par exemple, si votre stratégie est de poser un ancrage sur un état de bien-être. Vous prévoyez sans doute ceci afin que le client dispose d'un outil pour revenir à chaque fois qu'il le souhaite dans cet état confortable que vous allez lui faire vivre sous hypnose. L'intérêt pour votre stratégie c'est qu'il puisse y retourner seul lorsqu'il est en autonomie en dehors des séances. En effet vous savez que la séance est un espace spatio-temporel qui n'appartient pas ou peu à la vie du client et que c'est quand il n'est pas en séance, c'est-à-dire en situation qu'il est important pour lui de disposer de ressources adéquates et rassurantes.

Revenons au geste : Vous pouvez choisir un geste au hasard, ou encore proposer un geste qui est déjà associé au bien être pour renforcer votre stratégie. Voici un exemple d'enchainement de suggestions pour que le geste utilisé soit déjà chargé en bien être.

Sur le ton de l'anecdote, vous évoquez le langage non verbal et plus particulièrement le langage des signes utilisé par les plongeurs sous-marins. Pour illustrer vous montrez le signe — *je n'ai plus d'air* — puis — *J'ai mis la réserve* — puis — Tout *va bien* — c'est-à-dire « OK » le signe fait d'une main en joignant le pouce et l'index dans un cercle. :

— *Ce geste veut dire :* — *tout est « OK »*

Et cette anecdote teintée de gestuelle non verbale (vous faite le geste) est en réalité un apprentissage inconscient qui a suggéré l'association du geste « OK » avec un état ou tout va pour le mieux. Un peu plus tard quand vous allez faire votre ancrage suggérez d'utiliser ce geste sans avoir l'air de le faire exprès :

— *Maintenant que vous vous sentez bien, faites un geste, eh bien par exemple faites « OK » Ce geste veut dire tout est « OK »*

Vous avez fait votre ancrage mais cette préparation pour le client bénéficie des suggestions incrémentales que vous avez déjà faites à savoir que ce geste représente déjà une situation où « tout va bien »

Par la suite votre client à chaque fois qu'il fait le geste se retrouve dans l'état mental que vous lui avez fait vivre, mais bénéficie aussi des suggestions faites sur ce geste en amont.

— A *chaque fois que je fais ce geste, je redeviens dans un état idéal pour* ....

Typologie des suggestions

Dans les cours d'hypnose pour débutants, on les classe habituellement en suggestion directe :
— *Va dans ta chambre,*
Ou indirecte :
— *En allant dans ta chambre peux-tu réfléchir à ce que tu veux comme cadeau d'anniversaire ?*

Mais si cette classification est intéressante, elle est tout de même assez pauvre et demande à être complété par d'autres catégories. Je vous en propose cinq qui sont réunies comme les doigts de la main.

canal

moment
intentions stratégique
participation du sujet
attributs

Le Canal : Si l'on s'intéresse au canal utilisé pour véhiculer la suggestion on distingue habituellement les suggestions verbales :
— *Asseyez-vous !*
Et les non verbales :
[Vous indiquez de la main un fauteuil sans mot dire],

Pour être encore plus précis il convient d'envisager les canaux suivants :

o Le Verbal (c'est la phrase que vous allez dire, le choix des mots, l'histoire racontée, les arguments etc… c'est ce qui peut être retranscrit de votre propos)

o Le Postural (communément appelé « non verbal ») c'est ce qu'au théâtre on transcrirait sous forme de didascalies : votre attitude, vos gestes, vos mimiques et aussi le choix vestimentaire que vous avez fait [il s'habille en rouge]. A noter que ce langage postural peut venir en contradiction avec la teneur du langage verbal que vous tenez en même temps.

o Le Para verbal : C'est le langage des tonalités, des accents, des manières d'utiliser l'organe de votre voix pour lui faire dire autre chose que des mots. Lorsque vous grondez un enfant avec bienveillance, il entend aussi la bienveillance. Et là encore, il peut y avoir congruence ou incongruence avec vos mots.

o L'intentional est plus subtil et en même temps plus puissant car il commande les autres. Selon l'intention que vous avez vos messages changent, votre aura se modifie et les résultats de votre communication sont bouleversés. La source de cette intention peut être en partie consciente, mais elle est pour une grande part inconsciente. Avoir un référentiel des croyances, des préjugés etc. participe à la création de vos intentions. C'est l'intentional qui porte l'intention stratégique : Et en effet selon la stratégie utilisée les suggestions seront différentes et s'appuieront sur des mécanismes différents : Phénoménologiques, stratégémiques, protocolaires, …etc.

o Le contextual [5] c'est l'historique de la situation du client

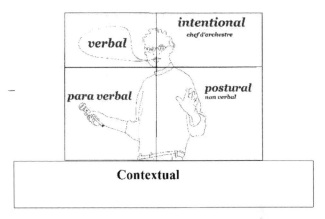

dans lequel il y a les suggestions qu'il a déjà acceptées et les états de consciences modifiés qu'il pratique, ses trains de pensée conscient et inconscients. Vous concernant, dans ce contextual, il y a surtout la pré-induction que vous allez dérouler à partir du coup de téléphone de la prise de rendez-vous jusqu'à cet accueil que vous venez de lui faire dans votre bureau et tant que vous n'avez pas commencé votre (ou plutôt son induction). C'est la raison pour laquelle les suggestions sont intimement corolaires à la pré-induction ainsi qu'à l'accumulation des précédentes suggestions déjà passées.

Le moment : selon le moment ou la suggestion est utilisée elle aura une forme, une action sur le contexte et un effet différent. Par exemple nous pourrons distinguer selon un modèle classique de séance d'hypnose :

---

[5] Que l'on me pardonne de ne pas dire contextuel mais pour le prix d'un néologisme, je fais rimer les 5 canaux unis comme les doigts de la main pour faciliter leur mémorisation :

  o Verbal
  o Postural
  o Paraverbal
  o Intentional
  o Contextual

o Les suggestions proposées lors de la pré-induction (ou pré-talk) que nous pourrions nommer des suggestions pré -hypnotiques.
o Les suggestions hypnotiques (durant l'induction)
o Les suggestions durant la phase de travail (sous hypnose)
o Les suggestions post hypnotiques (faites en séance et destinées à obtenir un résultat en dehors de la séance)
Les suggestions post-transe (en fin de séance et utilisant la suggestibilité résiduelle d'après transe)

La congruence : Dans certains cas la congruence sera parfaite entre les canaux, mais en d'autre cas les messages portés par les suggestions simultanées seront antagonistes, porteur d'indécision et de double sens voire producteur de confusion. C'est parfois dans cette incongruence volontaire que peut se forger la puissance paradoxale d'un ensemble de suggestions, en utilisant par exemple : Litotes, paradoxes, prétérition, ou communication non verbale antagoniste etc..
— *Asseyez-vous ou vous* voulez [en désignant un siège en particulier]. {Confusion}
Cependant, considérer chaque suggestion comme un objet indépendant qui passe ou ne passe pas est une vision simplificatrice de la réalité. L'influence du contexte, d'une part et de la congruence avec le contexte suggèrent plutôt une vision systémique ou il faut considérer l'effet d'un flux de suggestions sur le sujet. Par exemple si vous dites à 10h :
— *Tu es nul*
Et à 10h15
— *J'apprécie beaucoup tes compétences,*
Il risque de ne rien passer du tout par manque de congruence ou en tout cas un malaise résiduel sur un résultat autour du barycentre de vos suggestions.

La participation du sujet :

— Ce n'est pas ce que le thérapeute dit qui constitue l'essence de la suggestion, mais ce que le patient fait. La suggestion Hypnotique ne dit pas au patient ce qu'il doit faire. Elle explore et facilite ce que le système du patient peut faire. (Selon Milton Erickson)

Erickson relève la tendance du sujet à construire ses propres réponses à une suggestion. La réponse immédiate à la suggestion se fait lorsque la demande est acceptée immédiatement et conformément à l'esprit de la demande initiale. On parle de réponse médiate lorsque le sujet construit une contre-suggestion et n'exécute pas l'idée qui a été suggérée mais une autre idée qui en découle par association d'idée. Une contre-suggestion est soit stratégique si elle a été prévue soit sera traitée en temps réel dans le flux utilisationnel pour l'incorporer dans le flux de suggestions.

o Immédiate
o Médiate

Par ailleurs la suggestion peut être vis-à-vis du sujet de type :

o Mobilisatrice (ce sont des suggestions ouvertes qui ne précisent pas ce qui est attendu, ce qui fait que toute réponse involontaire est adéquate et vient valider que la suggestion est passée) :

— Et quand la main touche la tête il va se passer quelque chose.

— Attendons pour voir

o Activatrice (comme l'allusion, la métaphore, le langage à plusieurs niveau, l'activation de processus inconscient, l'effet Zeigarnick)

— Quelle est la couleur d'un océan calme ?

— Et maintenant faisons comme les athlètes qui partent sans trainer !

Les attributs : Une suggestion qui ne se borne pas à suggérer peut véhiculer d'autre messages spécifiques que nous signalons comme autant d'attributs. Ainsi une suggestion pourra être pourvu d'un attribut :

o Confusionant : *— Vous ne savez pas calmement...le bras choisit pour monter.*

o Recadrant : *— Vous avez appris à avaler la fumée à quel âge ?*

- o Introspectif : — *Installez-vous le plus confortablement possible.*
- o Dissociant : — *Regardez le bras monte.*
- o Présusasive[6] : — Vous *considérez vous comme une personne créative ?*
- o Personnalisé : — *Et ce « truc » ça fait comment quand « truc » ?* (clean language)
- o Etc....

Dans la suite de cet ouvrage nous avons pris le parti de classer le catalogue de suggestions en six catégories :

1. Par auto-suggestion
2. Par stratagème
3. Par métaphore
4. Productrice d'un phénomène hypnotique
5. Par ordre alphabétique
6. Par recadrages divers

L'auteur considère que la lectrice est formée à l'hypnose et fait son affaire de la mise en transe hypnotique de son sujet/client/patient/partenaire/volontaire/conjoint ou de lui-même en hypnose personnelle selon son référentiel.

---

[6] Cialdini, Robert B. Pré-suasion: une méthode révolutionnaire pour influencer et persuader. Paris: First éditions, 2017.

CATALOGUE DE SUGGESTIONS

D'**Auto-réparation** à **Zeigarnick** voici plus de cent quatre-vingts suggestions classées en six familles et par ordre alphabétique.

SUGGESTION PAR AUTO-SUGGESTION

1. ☐ S. (d') auto-réparation

Une suggestion de récupération et d'utilisation d'une ressource profonde existante :

— *Maintenant que vous êtes en transe profonde, il y a un lieu où l'on se répare tout seul, et j'aimerais que vous preniez le temps de le chercher. Il n'est pas facile à trouver aussi je vais vous laisser du temps...* [pause]
— *Et quand vous l'aurez trouvé alors la tête va pencher sur le côté.*
{Isomorphisme vous permettant de savoir que le travail est fait}
[La tête penche de côté]
— *C'est agréable, n'est-ce pas ? Je vous laisse en profiter cinq minutes.*

Vous ne savez pas comment et le sujet ne le sait pas non plus, mais la réparation se fait puisque vous l'avez suggéré dans une prophétie auto-réalisante et à partir des ressources du sujet.

2. ☐ S. (par) futurisation

— *En 2025 prendras-tu du café ou du thé au petit déjeuner ?*

Appelé aussi progression en âge, il s'agit de suggérer une désorientation temporelle vers le futur puis d'aller y faire un tour subjectivement afin par exemple d'y glaner des éléments utiles pour le présent. Cela peut servir à proposer des repères dans le futur à une personne déprimée et de l'accompagner pour qu'elle puisse glaner des preuves de sa réussite ainsi que les compétences qu'elle a mis en œuvre — *ou à mettre en œuvre* — pour accéder à cette réussite :

Evoquer en pré-induction un résultat du futur : — *Tu vas changer de voiture l'an prochain ? Et l'associer à la progression sous hypnose*
—— *Au moment exact où tu t'assois sur cette chaise tu es en 2025 en voiture et en transe.* — *Tu as quoi comme voiture ?*
Peux-tu me raconter ta journée en détail ou commencer par en donner les grandes lignes ?

3. □ S. (en) hypnose personnelle

— *Je demande à mon cerveau de rentrer en* <u>micro-sieste</u> *pour deux minutes d'horloge au moment où le bras touche ma cuisse.*

L'hypnose personnelle est un dépoussiérage de l'auto-hypnose .
Si l'auto-hypnose appartient aux sachant et reste très technique, L'hypnose personnelle est une prise de pouvoir de l'utilisateur qui ne conserve que ce qui marche pour lui et reste dans l'exploration de ce qui lui fait sens et plaisir.

—*Et tandis que le bras descend, je demande à mon cerveau de classer toutes les occurrences de réunion similaire et de classer toutes les compétences que j'ai utilisé pour être brillant afin de les laisser à ma disposition pour la réunion de demain.*

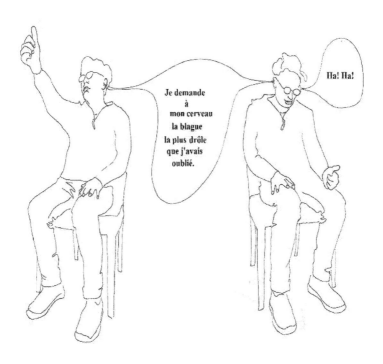

4. ☐ S. méthode Coué

Bien qu'il ait eut en son temps une énorme popularité aux USA, on s'est beaucoup moqué de ce monsieur Coué et de sa méthode en France. Dans le courant de la pensée positive, son utilisation de la suggestion positive qu'il conseille de passer en s'endormant est une réduction fonctionnelle de l'hypnose intéressante pour se forger un moral d'acier. Il est recommandé d'écrire ses suggestions à l'avance, de les répéter de nombreuses fois (environ 20 fois) et d'uti-

Tous les jours à tout point de vue, Je vais de mieux en mieux !

liser un accès à l'inconscient particulier comme par exemple durant l'endormissement (état hypnagogique[7]).

—*Tous les jours à tous points de vue, je vais de mieux en mieux*
A noter que l'auto-suggestion est paradoxale car au moment même où vous énoncez la suggestion, votre inconscient la connait déjà.

---

[7] Durant la phase d'endormissement, l'état hypnagogique correspond à la cognition essayant de donner du sens aux images et aux associations. Au moment du réveil, l'état hypnopompique correspond à la rêverie crédule et aux émotions que la cognition essaye de lier au monde réel.

Donc à la limite, il n'est pas nécessaire de l'énoncer, mais juste de la penser comme une idée sur la voix intérieure.
— *Je demande à mon cerveau, à mon inconscient à ma partie qui veut réussir...*

5. ☐ S. (de) micro-sieste®

La micro-sieste est un exercice d'hypnose personnelle[8] qui permet de dialoguer avec son cerveau. Une micro-sieste peut durer juste deux minutes. Comme son nom ne l'indique pas, la micro-sieste n'est pas du sommeil, mais une action mentale que l'on demande à son cerveau. Le cerveau envisage alors la suggestion dans un état second qui a l'apparence du sommeil et qui est propice à une intense activité mentale

Faire une micro-sieste, c'est prendre deux minutes pour passer des suggestions à son cerveau simplement. Organiser une mini transe hypnotique par un rituel simple.

Suggestion de micro-sieste : — *Au moment où le bras touche la cuisse je rentre en hypnose pour 2 minutes*

---

[8] L'hypnose personnelle est une pratique très simple de développement personnel par le dialogue avec son cerveau utilisant des techniques hypnotiques dont la micro-sieste.

<u>Résumé de la technique</u> : Commence assis sur une chaise. Ce que tu vas faire c'est simplement demander à ton cerveau de déconnecter de la réalité inutile pendant une minute pour faire un petit travail.

Bon pour cet exercice tu vas réunir :

- Un coin tranquille
- Une chaise
- Ton pouce
- Un verre d'eau.

Pose le verre d'eau sur une table. Place la chaise dans un coin tranquille, et prends la position du schéma. Choisis si tu préfères le bras gauche ou le droit pour le lever comme sur le dessin. Il doit être plus haut que l'épaule et exactement au-dessus de ta cuisse parce qu'il va finir par atterrir sur ta cuisse. L'autre main est posée sur sa cuisse et tu regardes ton pouce levé.

Plus exactement tu regardes l'ongle de ton pouce et tu te demandes :

— *Si c'était un écran quelle est sa couleur ?*

Regarde ton pouce et demandes toi ce qui pourrait apparaitre d'agréable sur cet écran.

A partir de maintenant, tu ne fais plus rien, comme le verre d'eau. Tu vas juste dire à haute voix :

—*Le bras est de plus en plus lourd.*

—*Je demande à mon inconscient, quand le bras touche la cuisse de fermer les yeux et de rentrer en sommeil pour une minute d'horloge puis de revenir en pleine forme.*

Et maintenant sois patient, attend juste que le bras soit fatigué et atterrisse sur la cuisse et laisse ton inconscient fermer les yeux et rentrer dans cet état très agréable pour une minute.

Pour cette première fois tu vas juste passer dans cet état particulier et calme pendant une minute et revenir à la conscience en ouvrant les yeux et vraisemblablement un peu plus détendu. Mais par la suite tu pourras ajouter une suggestion (et c'est tout l'intérêt de l'exercice) à l'attention de ton cerveau pendant que le bras descend par exemple :

— *Tandis que le bras descend, je demande à mon cerveau de passer en revue toutes les solutions pour le problème « TRUC »*

6. □ S. (de) passage secret ou ancre et ancrage

L'idée est d'organiser un apprentissage inconscient qui rend automatique le retour dans un état de ressource adapté à la situation.

— *A chaque fois que je fais ce geste… je retourne immédiatement dans l'état « truc ».*

Selon la demande du sujet, par exemple s'il souhaite se calmer lors d'une montée de colère, il s'agit de lui faire vivre éventuellement sous hypnose un état de quiétude puis de poser une ancre

(geste, mot, image etc…) qui est à la fois un apprentissage et une suggestion forte de rejoindre un état spécifique. Ceci modifie parfois profondément la chimie du cerveau en un quart de seconde.

Ce type de suggestion est d'autant plus fort que l'ancre est posée à l'acmé de l'état à retrouver et que c'est le sujet qui choisit le geste, le mot ou l'image qui constitue l'ancre.

Les ancres sont des objets de haut niveau sur lesquels il existe une algèbre rendant possible de nombreuses opérations. On peut ainsi artificiellement créer, déplacer, recharger, additionner, soustraire, annuler etc… une ancre.

SUGGESTION PAR STRATAGEME

7. S. (par) atténuateur de suggestion

Certains mots sont dotés de pouvoir magique et il faut s'en persuader pour ne les utiliser qu'à bon escient. Ainsi la formule

— *Même si …*

Est réputée pour atténuer une suggestion qui vient d'être passée.

Par exemple, vous venez de suggérer le bienêtre et le confort avec :

— *C'est agréable d'être confortable …*

Si vous ajoutez :

— *même si, vous avez encore mal au pied*

Cela atténue drastiquement la première suggestion. Un autre mot fait encore plus d'effet c'est ;

— *mais ...*

Qui, pour le compte annule carrément votre suggestion.

— *C'est agréable d'être confortable ...*

Si vous ajoutez :

— *mais ...*

Quel que soit la suite, vous avez annulé l'effet de la première suggestion. C'est la raison pour laquelle, on conseille souvent aux débitants de bannir de leur vocabulaire le « mais » et le « même si » pour être plus hypnotique.

Même s'il est possible d'utiliser cette subtilité en se servant d'un chiasme croisant les suggestions et les annulateurs de suggestion pour aller vers le paradoxe.

— *C'est agréable d'être confortable ... même si vous avez mal au pied*

—*Vous avez encore mal au pied ...même si c'est agréable d'être confortable*

8. ☐ S. (par) action corolaire à l'exécution du symptôme

Erickson discute parfois du symptôme, de sa survenance et de détails corolaires en l'acceptant pour mieux le fendiller. A cette patiente qui se plaint d'une migraine par semaine :

— *Je souhaite que vous analysiez tous les éléments de votre migraine cette semaine comme cela vous pourrez la comparez avec précision dans un mois.*

Il passe ainsi la suggestion invisible de trois semaines sans migraines. Au moment où vous dites — *dans un mois* — soyez convaincu de l'évidence de cette prophétie auto-réalisante.

Par exemple ;

— Lorsque la verrue disparait elle laisse une peau un peu plus rose, il est important que vous notiez le diamètre de la tache de couleur rose en millimètres. Si vous n'avez pas de mémoire sur quinze jours, notez-le sur un cahier avant de revenir me voir, c'est important.

9. □ S. (par) apprentissage inconscient

L'inconscient est toujours à l'affut de nouvelles données, de nouvelles expériences et c'est d'ailleurs la base de ses apprentissages. Sa logique est largement inter-contextuelle ce qui lui permet d'apprendre dans un domaine et d'appliquer la compétence dans un autre domaine. A vous de suggérer que l'apprentissage en cours peut servir à d'autre problématiques.

Pour cette suggestion commencez par coller les doigts du sujet pour préparer la suggestion d'apprentissage.

— Vous savez faire le geste des plongeurs sous-marins qui veut dire OK ?
— Euh oui, c'est comme cela ?
— C'est ça, restez comme cela et imaginez que vos doigts sont collés !

— *Bien, très bien, est ce que vous pouvez imaginer que vos doigts sont collés et que je ne vous ai pas demandé d'imaginer que les doigts sont collés ?*
— *Oui*
— *Vos doigts sont collés et plus vous essayez de les décoller et plus ils se serrent ; 1,2,3 maintenant, il est impossible de les décoller.*
Une fois que vous avez suggéré que les doigts sont collés et que le sujet ne parvient pas à les dé-

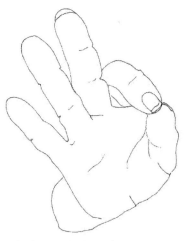

coller, vous allez pouvoir suggérer la leçon à tirer de cette expérience.

— *Je vous fais remarquer que vous avez un problème.*
— *euh*
— *Je vous fais aussi remarquer que c'est vous qui avez fait émerger le problème...Au passage, constatez que vous n'y pouvez rien, c'est impossible de décoller les doigts...Et pourtant il existe un moyen de dissoudre le problème en un quart de seconde et vous allez le faire toute seule. Il suffit de souffler sur votre main pour régler le problème en 0,27 secondes.*
— *Bravo, et vous faites l'apprentissage d'une capacité que vous avez de disponible à tout moment.*
Faisons confiance à l'inconscient pour métaphoriser l'exercice et l'appliquer dans d'autres domaines.

10. ☐ S. (de) défi

Certains hypnotiseurs à l'égo développé se servent de ce genre de suggestion pour démontrer leur puissance, le sujet se voyant mis au défi de ne pas parvenir à faire une action. Au premier degré l'hypnotiseur suggère que la main est collée à la table et effectivement le sujet ne parvient pas à la bouger. Au second degré le sujet sait très bien qu'il peut la décoller et accepte de jouer le jeu. Cette main collée est la routine représentative de la grande famille des suggestions d'effets privatif (main collées, doigt collé, paupières collées qui rend aveugle, paralysie d'un membre, cécité et surdité hypnotique, perte du goût ou de l'odorat etc…). Souvent amenée sous couvert de pratiquer un test d'hypnotisabilité, comme les doigts collés dans un spectacle d'hypnose la main peut se coller sur la table en l'absence de transe.

—_Au compte de trois tu vas essayer et tu ne peux plus décoller la main. Il y a une partie de toi qui sait qu'elle peut décoller la main quand elle le souhaite, mais plus cette partie va essayer, plus la main va se coller plus fortement si bien que dans un instant tu vas sentir que la main est complétement collée à la table._

Paradoxalement l'effet de cette suggestion est capable de redonner puissance et pouvoir au sujet lors de sa sortie victorieuse de l'épisode ludique de paralysie, surtout si une autre suggestion vient donner la solution sous forme d'action volontaire :

—_Au compte de trois il te suffit de souffler dessus pour retrouver instantanément ta main._

11. ☐ S. (par) discussion sur la survenue du symptôme

Si par exemple, le sujet se plaint d'une douleur, faites semblant de vous intéresser à la douleur et aux moments où elle survient dans sa vie. La discussion peut glisser lentement vers les préférences du client en fréquence, en intensité, en localisation sur le corps, en lieux de survenance :

— *Préférez-vous endurer cette douleur le mardi ou un autre jour de la semaine ?*
— *Euh*
— *Préférez-vous une seule crise très intense ou plusieurs d'une intensité moindre ?*
Même s'il n'y a pas de réponse à ces questions farfelues au début, il va forcément arriver un moment ou le client va exprimer une préférence :
— *Préférez-vous cette douleur le jour ou la nuit ?*
— *Euh, je préfère la nuit.*

Dès lors la suggestion que le sujet est compétent pour modifier le symptôme est passée.

12. ☐ S. (par) fusible

Les fusibles sont préconisés dans les cours d'hypnose. Ce sont des suggestions de cadrage posés pour s'assurer que la séance se passe bien et en particulier qu'il n'y ait pas d'abréaction[9] désagréable. Par exemple pour ne prendre aucun risque de mauvais souvenir :
[Fusible] – *Dans cette séance, il n'y aura que des souvenirs agréables.*
Ou pour permettre une exploration plus large des émotions :

---

[9] L'abréaction désigne une décharge émotionnelle vécue par un sujet qui extériorise alors un affect lié à un souvenir souvent traumatique.

[Fusible] – *Dans cette séance, il n'y aura que des souvenirs agréables ou neutres, ou très légèrement ennuyeux.*

Le fusible est aussi utilisé pour encadrer les suggestions post-hypnotiques d'une clause optionnelle pour éviter les situations de névrose, dans le cas où la situation évoluerait dans une autre direction et que la suggestion post-hypnotique ne serait plus adéquate dans le futur en laissant une porte de sortie intrapsychique.

[Fusible] – *À chaque fois que vous verrez vos mains sur le piano, si c'est convenable pour la situation, vous redeviendrez Rachmaninov.*

Pour profiter de la structure du fusible pour poser une suggestion dans le cas d'une demande quelconque de changement, vous pouvez par exemple faire mine de préserver l'écologie du sujet en proposant un fusible qui demande de ne pas changer trop rapidement. Ce qui, au passage, est un présupposé du fait que le changement est inéluctable et seule la vitesse est laissée à l'appréciation du sujet.

[Fusible] : — *Un des inconvénients, lorsqu'on utilise l'hypnose, c'est que le sujet atteint rapidement un état où il voit apparaître beaucoup d'informations, beaucoup d'options qu'il n'avait pas vues. Aussi je vous demanderai de ne pas aller trop vite pour prendre une décision devant ce flux d'idées nouvelles.*

— *Euh...*

— *Même si vous voyez la solution miracle, à tout moment, lorsque vous serez confronté à une nouvelle idée, je vous demanderai de prendre le temps de peser et de visualiser comment cette solution vous convient dans toutes les facettes de votre vie. Vous n'êtes pas à quelques minutes ou à quelques heures pour aller à la solution qui vous va bien. {Les solutions existent}*

À chaque fois ce fusible peut éventuellement protéger, mais il ne faut pas se priver de l'utiliser pour présupposer, suggérer et construire la prophétie auto-réalisante assortie d'un accélérateur de changement.

13. ☐ S. (du) un pourcent (1 %)

Il s'agit de faire passer une suggestion en présentant son effet comme extrêmement mineur voire insignifiant. Erickson faisait semblant de s'inquiéter devant un patient insomniaque :

— *Faites bien attention de surveiller la durée de votre sommeil pour me dire même si vous dormez une seconde de plus à la prochaine séance.*

Tout en suggérant la progression inéluctable masquée dans cette demande curieuse dont on ne voit guère l'intérêt.

Ceci est dans la catégorie des suggestions dont l'effet est négligeable sur le symptôme si ce n'est qu'elle lève la résistance en introduisant l'idée de progrès, même s'il est infime et quasiment invisible. Ceci sera utilisé dans le déroulement d'une stratégie pour pouvoir y revenir ensuite avec d'autre suggestions, une fois levé la résistance.

Suggérez une toute petite fraction, une misérable amélioration et masquez votre suggestion par exemple dans une demande d'observation.

— *Observez bien, je voudrais être certain que vous me disiez la plus petite amélioration même d'une seconde, d'un gramme ou d'1% de mieux. Faites attention parce qu'un pourcent ne se voit pratiquement pas, vous voyez ... {obtenir l'accord}*

— *Je vous demande de surveiller cette verrue et de ne pas oublier de me dire si elle a réduit seulement d'un pourcent lors de la prochaine séance.*

Vous pouvez y ajouter la suggestion de progression par exemple avec une anecdote en pré-induction :

— *Ce philosophe se demandait : A quel moment l'homme qui perd un à un ses cheveux peut-il être considéré comme chauve ?*

14. ☐ S. (par) intention paradoxale

L'intention paradoxale[10] c'est faire ce que l'on redoute pour exorciser la peur. A ce client qui a une peur panique de l'avion vous pouvez suggérer de se frotter paradoxalement à ses peurs jusqu'à s'en fatiguer :

— *Tous les soirs de la semaine, tu t'isoles et tu règles un téléphone sur 5 minutes et puis dans un cahier, tu écris la liste de toutes les catastrophes qui peuvent arriver si tu as raison d'avoir peur. Et quand le réveil sonne, tu fermes le cahier et tu vas te promener.*

Auto-recadrage assuré en quelques jours grâce à cette prescription qui produit une auto-suggestion dont le résultat rapide est un cahier presque vide.

15. ☐ S. (d') ordalie

Une ordalie est à l'origine de l'expression un jugement de Dieu[11]. Concrètement c'est aussi une prescription de tâche difficile à surmonter qui se charge d'automatiser l'auto-recadrage du sujet. Mais il est nécessaire en tout premier lieu de faire accepter l'ordalie au sujet.
Dans ce cas d'addiction au sucre :
— *Je comprends que tu mets trop de sucres dans le café et d'ailleurs tu décris une addiction au sucre.*
— *J'ai bien une idée qui pourrait te faire bien avancer sur ton problème et en tous cas nous apporter plein d'informations utiles pour en venir à bout, mais je ne suis pas sûr que tu sois prêt.*
— *De quoi s'agit-il ?*

---

[10] Frankl, Viktor E. Découvrir un sens à sa vie avec la logothérapie, Paris : J'ai Lu, 2013.
[11] Marcher sur des braises, tenir un fer rouge à la main sans se brûler, etc....

— *Je ne peux pas te le dire si tu ne t'engages pas à faire l'expérience* {créer l'engagement}.

— *Je ne peux pas m'engager à le faire si je ne sais pas ce que c'est.*

— *Tu vois, je m'en doutais, tu n'es pas prêt, on verra la séance prochaine.*

— *Non dis-le moi, c'est quoi ?*

— *Cela ne fait pas mal, ne coûte pas plus de quelques euros et cela n'a rien contre la morale, mais tu dois t'engager à le faire pendant 10 jours avant que je te le dise.*

— *Bon, OK, je vais le faire.*

— *C'est sûr ! Tu t'engages pendant 10 jours soit jusqu'au 28 février d'accord ?*

— *OK, OK. C'est quoi ?*

— *Premièrement tu vas mettre à la poubelle toute ta réserve de sucre en poudre et en morceaux.*

Assure-toi d'avoir jeté tout ce qui peut sucrer. Ensuite tu vas acheter deux kilos de sucre en morceaux emballés individuellement comme dans les bars et trouver une petite boîte d'allumettes que tu vas vider complètement et garder sur toi.

— *C'est tout ?*

— *Et jusqu'au 28 février, tu peux prendre autant de sucres que tu veux, mais tu dois conserver les emballages de papier dans ta petite boîte.*

— *C'est tout ?*

— *Non. Tous les soirs avant de te coucher, tu dois manger tous les emballages un par un ou si tu préfères en infusion.*

— Mais je peux les couper en petits bouts ou les boire avec une tisane ?

— *Je te donne rendez-vous dans 10 jours.*

Le principe de l'ordalie c'est de faire accepter une tâche liée à la survenue du symptôme plus désagréable que le symptôme de sorte qu'il vaut mieux abandonner rapidement le symptôme.

16. □ S. (de) pas besoin

Selon Erickson — Lorsqu'une *personne est détendue, le système parasympathique est prédominant, et elle est physiologiquement prédisposée à ne pas faire plutôt que de faire le moindre effort pour agir. Il lui est donc très facile d'accepter les suggestions suivantes de ne pas faire, durant les premiers stades de l'induction de la transe.*

Cela donne une famille de suggestion qui n'est absolument pas risquée à passer puisqu'elle passe à tous les coups comme dans ces exemples :
— *Vous n'avez pas besoin de parler ou de bouger ou de faire un effort quelconque. Vous n'avez même pas besoin de garder les yeux ouverts.*
— *Vous n'avez pas besoin de vous embêter à essayer de m'écouter parce que votre inconscient peut le faire et me répondre par lui-même".* {Dissociation}

17. □ S. (par) prescription d'acte impossible

Le trésor enterré au pied de l'arc en ciel et toutes ces choses impossibles, fabuleuse, irréelles ont du sens si elles débouchent sur un possible. Demander au sujet de prendre en photo le symptôme, c'est le rendre perplexe, mais s'il est d'accord il fera quelque chose, il se débrouillera pour prendre une photo :
— *Pour la prochaine séance, prenez en photo le symptôme.*
Accessoirement, mais c'est aussi le principal, il aura fait quelque chose contre, tout contre son symptôme et c'est déjà énorme. Il se sera auto recadrée sur son incapacité devant le symptôme et c'est le début du changement qui s'est initié en amont de la première séance que l'on peut commencer pas la question.
— *Vous m'avez amené la photo ?*
Ensuite, tout type de réponse constitue du matériel que vous amène le client pour débuter la séance.

18. ☐ S. (par) prescription de symptôme

Le sujet se plaint de ne pas parvenir à se lever à 7h pour aller travailler. Comment faites-vous pour l'aider à changer ? Vous avez compris que le symptôme c'est l'impossibilité de se lever ou plutôt le fait de rester au lit. Préparez votre prescription de symptôme : vous allez prescrire au sujet « de rester au lit ».

Mais d'abord il faut s'assurer que le sujet suivra la prescription :

— *Je sais exactement ce que tu peux faire pour régler ce problème en un jour, mais je crois que tu n'es pas prêt à suivre cette solution !*
— *Mais si je le ferais, mais c'est quoi ?*
— *Non vraiment je te le dirais la prochaine fois peut-être parce que tu n'es pas prêt.*
— *Mais dis-le-moi, je promets que je le ferais !*
Bon il a promis de suivre la prescription, vous pouvez prescrire :
— *Ok je te le dis, je voudrais d'abord que ce soir tu organises une zone de confort autour du lit (avec tes gâteaux préférés, des jus de fruits, des BD, une tablette, des romans policiers à profusion, et le tout doit être accessible sans sortir du lit). Ensuite tu vas program-*

mer un réveil à 7h et un autre à 7h05. Et puis demain quand le second réveil de 7h05 sonne, si tu es encore dans le lit alors tu devras y rester sans sortir jusqu'à 10 heures du matin.

L'école de Palo alto parle de « prescription de symptôme » et la sagesse orientale « d'éteindre le feu en ajoutant du bois ». La suggestion ainsi préparée modifie le comportement du sujet lorsqu'il est seul sans son thérapeute, en ce sens c'est une suggestion post hypnotique.

19. ☐ S. (par) réification du symptôme

Amener le sujet à imaginer sa douleur comme une chose, un objet, un animal et le visionner devant lui dans le dessein de la modifier par la suite.

— *Cette douleur est comme des coups de poignard, mais quelle sorte de poignard ?*

— *Une lame large !*

C'est déjà suggérer que chaque manipulation de pensée sur l'image du poignard aura une action sur le symptôme.

— *Peux-tu imaginer un poignard de théâtre avec la lame qui rentre dans le manche ? Cela doit faire mal et gratter un peu au moment où la lame rentre ... dans le manche ? N'est-ce pas ?*

20. ☐ S. (par) signaux faibles

On pourrait approcher la définition des signaux faibles comme des éléments d'information incompréhensibles et irrationnels dans un contexte, mais cependant congruent à la stratégie que vous menez c'est-à-dire congruente au flot des autres suggestions.

Dans une série de suggestions additives tournées vers un objectif [par exemple la production d'un phénomène hypnotique] le signal faible est congruent mais ne trouve pas de place logique et c'est ce hiatus qui va provoquer l'essence de la suggestion par signaux faibles.

Par exemple, si votre stratégie est de produire une hallucination positive d'un chaton sur les genoux du sujet. En début de séance vous pouvez passer un signal faible et incompréhensible. Alors que vous parlez de tout autre chose, penchez-vous comme pour toucher quelque chose à vos chevilles et dites :

— *il se frotte toujours !* [Soyez bon acteur faites exactement comme si un chaton se frottait à vos chevilles]

Puis continuez ou vous en étiez sans aucune explication ni manière d'excuses pour cette interruption dans vos propos. Un peu plus tard dans la séance, il vous suffira de vous pencher, de mimer le geste d'attraper un chaton par la peau du cou, de le rapprocher de vos yeux comme pour l'examiner et finalement de le reposer sur les genoux du sujet en disant :

— *C'est un male ou une femelle ?*

Ou encore

— *Ne le laissez pas tomber !*

Pour engager l'hallucination positive du chaton sur les genoux grâce aux signaux faibles. Et avoir le plaisir de voir le sujet caresser et tenir ce chaton dont vous pouvez ensuite lui parler et sur lequel vous pouvez demander des précisions :

— *Il a quel âge environ ?*

21. □ S. (par) surveillance d'un phénomène

Demander au sujet de surveiller votre propre main posée sur votre cuisse. Demandez tout d'abord au sujet de se placer comme vous {neurones miroirs} les mains sur les cuisses et de surveiller attentivement l'une de vos mains.

Puis entrez en transe en auto-hypnose et suggérez-vous des doigts qui bougent et une lévitation de la main. Il n'est pas nécessaire de commenter parce que ce qui suggère au sujet ce sont les mouvements inconscients que vous avez. Calibrez le sujet qui entre en transe et accompagnez-le

— *la main monte !* {Celle du sujet à présent}

La demande de surveillance est une tâche intéressante à confier à un sujet qui a tendance à être dans le contrôle. Les suggestions passent alors en contournant la résistance.

SUGGESTION PAR METAPHORE

22. □ Valeur des métaphores

— *La reine des métaphores, c'est celle du sujet*
S'il faut faire une hiérarchie de puissance des métaphores, celle que vous livre le sujet vient en tête :
— *j'ai le cœur serré comme dans un étau !*
Ensuite, au niveau des épaules il y a celle que vous avez trouvé en transe, par exemple durant cette séance d'arrêt de tabac ou vous vous êtes surpris de dire :
— *Les fabricants de cigarettes ont fait des paquets de 10 pour cibler les jeunes, mais il ne se risqueront jamais à faire des paquets de 6 car ce n'est pas leur intérêt de proposer des paquets de « Si j'arrête »*

Il y a aussi dans le thorax celle que vous avez proposé au sujet en l'observant et en calibrant qu'il y répond par des gestes idéo-moteurs comme autant de signaux faibles :
— *Une pensée c'est un hochement de tête à l'intérieur [elle hoche la tête, vous calibrez]*
Dans le ventre celles que nous connaissons tous étant donné notre condition viscérale :
— *Tôt ou tard, le ventre gargouille quand les organes se détendent ! [Vous calibrez le gargouillement]*
Au niveau des genoux les archétypes anthropomorphes et phonétiques :
— *Cette articulation entre le « je » et le « nous ».*
Et enfin celles qui sont usées jusqu'à la corde au niveau des espadrilles, passées dans le langage et devenue inaperçues que vous pouvez rafraichir pour attirer l'attention du sujet sur leur substance.
— *La roue de la fortune.* [Est une métaphore usée]
Vous pouvez la rafraichir en disant:
— *La roue de secours de la fortune [Calibrez un petit mouvement de surprise]*

23. ☐ S. métaphore anthropomorphe

— *Ne mets pas les pieds sur le dos du fauteuil.*

L'anthropomorphisme c'est initialement voir Dieu à l'image de l'homme mais c'est aussi voir les animaux ou les objets à l'image de l'homme. Il y a cette bijection entre les objets et l'anatomie qui est incrustée dans l'inconscient collectif. De nos jours tout le monde voit un dos et des pieds à cette chaise.

Dans le sens du corps organique vers un mécanisme, il y a cet exemple pour suggérer une anesthésie par la métaphore du câblage électrique :
— *Tu peux imaginer tous les nerfs allant du cerveau vers ta main comme de tout petits câbles électriques ; et il*

y a chaque fois un petit interrupteur et chaque fois que je claque des doigts tu fermes un interrupteur. (Clac, clac, clac...)
Et dans le sens de l'objet qui remplace une émotion ou une sensation, il est possible d'atténuer la sensation en passant par la métaphore de la boule dans la gorge qui sera réifiée pour l'occasion. :
— *Tu as toujours cette boule dans la gorge, peux-tu me la décrire ?*
— *Elle est rouge et grosse comme ça !*
— *Et à chaque inspiration tu mets un peu de blanc dans le rouge pour faire du rose. Est-ce que le rose devient de plus en plus clair ? ;*
[inspirez profondément pour donner l'exemple]

24.   ☐ S. métaphore fournie par le sujet

Vous avez suggéré un lieu de sécurité[12] lors d'une première induction et le sujet qui revient de transe dans l'ici et maintenant se frotte le visage, sourit et annonce spontanément alors que vous n'avez encore rien dit :
— *C'était bien la cabane du bonheur !*
Il vient de vous glisser sa métaphore. Cueillez-la comme un cadeau pour continuer la séance, il ne vous reste plus qu'à filer la métaphore pour l'accompagner où il sait qu'il veut aller.
— *Et cette cabane du bonheur c'est comme quoi ?*
Ensuite, pour respecter cette métaphore vous pouvez suivre les préceptes du clean langage[13] qui consiste à reprendre ce que vous apporte le client à partir du mot qu'il a utilisé. Si c'est par exemple

---

[12] Un classique de la suggestion (safe zone) permettant de revenir instantanément au calme si ses émotions trop fortes devaient être rencontrées durant la séance.
[13] Cette technique a été inventée et promue dans les années 1980 par David Grove, psychothérapeute néo-zélandais qui se donnait comme sujet de recherche les méthodes cliniques de résolutions de traumatismes. C'est une technique langagière qui consiste à respecter la métaphore du client et lui permette de la filer sans la polluer par des interprétations, des reformulations approximatives ou des ajouts bloquants.

l « * » que vous propose le sujet entrez dans cette série de questions respectueuses :
— *Et quel genre de * c'est quand * ?*
— *Et ce *, c'est comme quoi ?*
— *Y a-t-il autre chose à propos de **
— *Et quand * qu'est-ce qu'il se passe ensuite ?*
— *Et tandis que * que se passe-t-il juste avant ?*

25.   □ S. métaphore minérale

Le règne minéral co-existe avec nous mais dans un temps différent. Sur la montagne, le moindre caillou nous regarde comme un épiphénomène tant sa vie sera plus longue que la nôtre. Il en résulte que notre cerveau est capable d'emprunter au règne minéral par la voie de la métaphore pour approcher l'immobilité, la sérénité et la force

dans la durée.

Ainsi pour passer un examen IRM ou l'immobilité est requise la suggestion peut être :

— *Je suis une statue qui respire {en hypnose personnelle}*
Ou en séance glisser la suggestion :
— *Tu es une statue qui respire.*

26. ☐ S. (par) métaphore et histoires imbriquées

Dans les mille et une nuits, Shéhérazade sauve sa vie en captant l'attention par des histoires imbriquées qui ne se terminent jamais[14].
— *Par Dieu, dit le roi, je ne te tuerai point avant d'avoir écouté la fin de cette étonnante histoire.*

[Histoire 1] : Un jour, un petit ours fait la cuisine avec son papa. Ils ont décidé de faire des spaghettis. Mais au moment de les sortir de l'eau et de les égoutter, son papa ne trouve pas la passoire. Ils cherchent partout et impossible de trouver la passoire… Alors petit ours monte sur son vélo et dit « *je vais aller au village en acheter une* ». [Petit ours se met à pédaler rapidement]
{L'histoire 2 gagne à être avec un personnage inconnu et qui de plus est un empêcheur d'avancer, ce qui produira du soulagement quand on passera dans l'histoire 3.}
[Histoire 2] Il arrive chez le quincaillier et il pose le vélo et rentre dans le magasin, mais il y a déjà une femme qui est en train de demander au vendeur comment changer une ampoule et quelle sorte d'ampoule elle doit acheter et Bla bla bla...
C'est long, petit ours en à marre d'attendre et il a du mal à rester calme comme quand il dort car il voudrait déjà être sur son vélo.
{L'histoire 3 complique encore et sème définitivement la confusion.}
[Histoire 3] Le marchand rend la monnaie à la femme qui vient enfin de se décider sur quelle ampoule elle achète. Et il se met à raconter sa vie : « Vous savez, à la maison, en changeant une ampoule, je passais devant un placard que je ne pouvais pas fermer et chaque fois que je passais devant, je butais dans une boîte qui en sortait. Ce week-end en passant devant, je me suis arrêté et j'ai ouvert la porte du placard. Puis je ne sais pas pourquoi, je me suis mis à le vider et j'ai fait trois tas.
• un tas de trucs à jeter,

---

[14] Voir effet Zeigarnick

• un tas de trucs à rendre parce que ce n'était pas à moi,
• et toutes les choses que je voulais garder et que j'ai bien rangées dans le placard tout propre.
{Métaphore de faire le tri dans sa vie et de ne garder que le nécessaire.}
Et je ne sais pas pourquoi, sans doute parce que j'étais tranquille et détendu, mais ensuite j'étais tellement calme que j'ai eu envie de faire la sieste. Parce que c'était l'heure de se reposer, je suis allé au lit et j'ai dormi comme un bébé et je me suis réveillé en pleine forme.
{Cœur de la suggestion.}
Ça se voit dit la femme [retour histoire 2], vous avez bonne mine et vous avez l'air d'avoir dormi tranquillement. Elle s'en va.
Petit ours demande alors : « je voudrais une passoire » [retour histoire 1].
Et le marchand :
— Sais-tu quelle sorte de passoire tu veux ?
— Non pourquoi, il y en a plusieurs ?
— Oui, il ne me reste plus que des passoires qui laissent passer ni l'eau ni les pâtes.
Petit ours réfléchit, se gratte la tête, il se concentre et demande une passoire qui laisse passer ni l'eau ni les pâtes. Puis il la paye et remonte sur son vélo. Il se met à pédaler rapidement [amnésie structurante : même début que le début de la première Histoire]. Il arrive à la maison et montre fièrement la casserole à son papa. Mais les spaghettis on eut le temps de grossir jusqu'à devenir géants et bouchent les trous de la passoire. Alors petit ours et son papa laissent tout et vont au restaurant.

27.   ☐ S. métaphore zoomorphe

— *L'homme est un loup pour l'homme.*

Se faire petit comme une souris, souple comme un chat, rusé comme un renard, fort comme un bœuf etc… L'imaginaire zoomorphe est dans notre ADN et porté par les archétypes.

En cas de douleur :
— *Si votre douleur était un animal ce serait quoi ?*
— *Euh, un serpent ?*
— *Il fait quoi ?*
— *Il me serre le thorax*
— *Et que fait-il quand il ne sert pas ?* {Confusion}
— *il s'en va et il dort*

— *J'aimerais que vous imaginiez une maison confortable pour le serpent, imaginez-la de l'autre côté de la rue dans un grenier par exemple. Maintenant meublez sa maison avec tout le confort pour que le serpent se sente bien, un écran plat, une chaine stéréo, une cuisine intégrée etc…*
— *A partir de maintenant chaque fois que le serpent veut être bien il retourne dans sa maison.*

28. □ algèbre des métaphores

— *Que peut-on faire avec une métaphore ?*

Une des manières de créer des métaphores puissantes est de considérer qu'elles existent déjà, de ce fait que vous n'avez pas besoin de les créer. Vous pouvez simplement observer et vous intéresser à l'algèbre des métaphores.

Si la métaphore est un nombre, quelles opérations peut-on se permettre de faire dessus ?

o Détecter : simplement observer autour de vous : Le dos du fauteuil, les pieds de la table, le talon de la chaussure, vous êtes entouré de métaphores !

o Rafraichir : rafraichir une métaphore usée, c'est rajeunir en faisant du neuf avec du vieux : la scoliose du fauteuil, le ventre de la terre qui gargouille.

o Filer : explorez où le sujet peut vous emmener en chevauchant ce dragon !

o Proposer : C'est comme la rencontre d'une machine à coudre et d'un parapluie sur une table de vivisection, [et calibrez !]

o Calibrer : La terre est bleue comme une orange [calibrez la confusion]

—*Conter, c'est parler aux gens après avoir baissé leurs défenses.*

SUGGESTION PRODUCTRICE D'UN PHENOMENE HYPNOTIQUE

Pour susciter un phénomène hypnotique[15], certaines suggestions seront dites productrices. Pour plus d'efficacité il est pratique de commencer à suggérer la survenue du phénomène dès la pré-induction. Ce sera par exemple :

o Une histoire naturaliste :
o Une anecdote
o Une aventure de mon ami John

Contenant le germe de la production du phénomène. C'est une manière de prévenir l'inconscient du sujet de ce que l'on va lui proposer

---

[15] Pour une liste exhaustive de 60 phénomènes hypnotiques voir : Guide des phénomènes hypnotiques, Luc Vacquié, Hypnose de référence.

51

de réaliser par la suite. Ensuite et dès le début de l'induction, il faudra encore suggérer pour produire la survenue du phénomène en question. Par ailleurs, lorsque vous calibrez/observez le phénomène apparaissant spontanément vous pouvez aussi vous en servir en le ratifiant en guise de suggestion pour induire l'hypnose.

Passons en revue les phénomènes les plus connus :

29. ☐ S. d'amnésie

— *Chacun a l'expérience d'avoir rêvé et d'oublier le rêve qui s'effiloche au matin simplement à cause d'une gorgée de café qui le gomme...*

L'oubli est une faculté du cerveau basé sur l'amnésie. C'est un phénomène pouvant être suggéré de plusieurs manières :

1. Par anecdote naturaliste : — *Cela peut vous paraitre difficile d'oublier votre nom, mais lorsqu'on vous présente plusieurs personnes, vous est-il déjà arrivé de faire un effort pour retenir les noms et l'instant d'après de ne plus du tout vous souvenir du nom de cette personne dont vous venez de serrer la main et de la regarder en vous demandant où est donc passé ce que vous venez d'oublier...* {anecdote qui rappelle la compétence du cerveau}

2. Par amnésie structurée en répétant exactement la même question qu'au début de la séance : — *Vous êtes venu en métro ?* — afin de mettre la séance entre parenthèse. — *Vous êtes venu en métro ?*

30. ☐ S. d'analgésie

L'analgésie est la réduction des signaux conduisant à la diminution de la sensibilité d'une zone. {Voir anesthésie}

Anecdotes naturalistes : — *Parfois j'ai des fourmis dans la jambe et je ne la sens absolument plus, elle est lourde et je dois la soulever avec mon autre main pour commencer à la récupérer. C'est comme quand vous faites un bonhomme de neige sans gants et vous ne sentez plus la glace ni vos mains, mais le bonhomme à l'air content, avec son nez en carotte gelée.*
Suggestion : — *Vous plongez la main dans un seau d'eau et de glaçons et vous essayez de faire bouger les glaçons pour les refroidir.*

31. ☐ S. d'anesthésie

L'anesthésie c'est la perte de signaux en provenance d'une zone qui conduit à la perte quasi complète de la sensibilité, elle est recherchée pour un meilleur confort durant de petits actes chirurgicaux.

Anecdotes naturalistes :
1. — *Une couturière qui a appris à insensibiliser ses doigts aux piqures d'aiguilles avoue ne pas savoir comment elle fait. Elle sent les aiguilles justes comme un petit grattement.*
2. — *Une sportive qui continue à jouer un match à fort enjeu avec une grosse entorse sans rien ressentir pendant le match.*
Suggestion : — *Imaginez les nerfs, ces petits fils électriques avec des interrupteurs qui relient la main et le cerveau. Maintenant vous allez couper les interrupteurs un par un. Et à chaque fois que je claque des doigts vous coupez un interrupteur (clac, clac, clac ...)*

32. ☐ S. (de) catalepsie

Les muscles qui tiennent notre tête droite fonctionnent par antagonisme pour assurer que notre tête ne tombe pas à droite ou à gauche.

—*La catalepsie est une forme de tonicité musculaire bien équilibrée (Milton Erickson).*

Anecdote naturaliste : Au restaurant, tandis que vous êtes en train de tourner la petite cuillère dans le café, le coude bien horizontal une actrice connue entre dans la salle. Vous vous immobilisez le coude en l'air en disant — *Je la connais, elle joue dans...* — Une partie de vous a placé le mouvement du bras en attente en utilisant une catalepsie. Tant que vous n'avez pas trouvé le nom de l'actrice le bras reste en catalepsie.

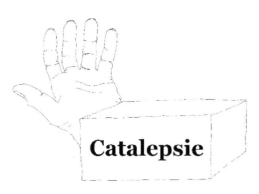

Catalepsie

Suggestion : — *laissez le bras devenir dur comme une barre de fer.*

33. □ S. cognitive

Un type de suggestion qui recouvre le monde des émotions, des sensations, d'un palais mental, du bien être...etc.
— *Et tandis que le bras devient de plus en plus dur, je ne sais pas à quel moment une sensation sans action arrive dans quel doigt ou dans la main. Une sensation de bien-être qui avance dans la main vers le coude et se transforme en émotion particulièrement agréable. Une émotion que tu n'avais pas ressentie depuis longtemps.*
Il est toujours bon de ratifier selon l'expression du visage que vous calibrez :
— *C'est agréable ?*
— *humm*
Et parfois d'amplifier d'expérience :

— Et je ne sais pas quelle est la quantité maximum de bien être que tu peux accepter dans cette séance ?

34.   □ S. (de) dissociation

La dissociation se produit avec ou sans hypnose lorsque deux parties de la personne fonctionnent avec un certain niveau d'autonomie. Ce phénomène hypnotique qui peut être suggéré est intégré dans la structure même du langage :

– J'ai mal à la main. {Moi et la main}

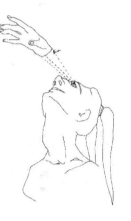

Cela vous permet de soigner la main parce que le reste du corps va bien.

Anecdote naturaliste : *— Parfois on se réveille et on ne sent plus ses pieds au fond du lit et tant qu'on n'a pas réussi à les bouger on ne sait pas exactement où ils sont. Et d'autre fois quand on écoute du jazz les pieds battent la mesure tout seuls.*

Suggestion : *— La main est de plus en plus loin et elle peut arriver dans votre voiture garée en bas. La main est à la fois au bout du bras et sur le volant dans la voiture tandis que vous êtes ici avec ma voix, confortable dans ce fauteuil*

35. ☐ S. (de) focalisation

La focalisation de l'attention c'est la première étape de la transe hypnotique selon Ernest Rossi qui a notamment travaillé à modéliser[16] le travail de Milton Erickson. C'est dire l'intérêt de savoir la suggérer.

Anecdote naturaliste : — Comme *cet horloger qui se focalise sur une petite vis bloquée, il ne voit plus qu'elle. Il va se focaliser sur son travail, sur cette petite vis si bien qu'il n'entend pas sa femme qui l'appelle pour le diner. En transe, il n'entend plus que cette vis et si en la manipulant elle saute malencontreusement sur la table, il la retrouve à l'oreille au bruit spatial quelle a fait en atterrissant dans le désordre de l'établi.*

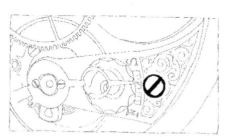

Suggestion : — *Regardez un point sur la paume de la main et fixez-le. Lorsque votre vue va changer vous verrez que c'est un point de bon retour... vers une transe très confortable.*

---

[16] La micro dynamique de l'induction de transe et de la suggestion
1) Fixation de l'attention (ie. focalisation)
2) Désactivation des cadres conscients,
3) Recherche inconsciente
4) Processus inconscients
5) Réponse hypnotique

36. ☐ S. d'hallucination négative

L'hallucination négative vous permet de ne pas voir vos lunettes quand vous regardez un film. C'est faire l'expérience de ne pas percevoir tout ce qui est sous vos yeux parce que le cerveau le gomme de votre réalité. Cette compétence de ne percevoir qu'un sous ensemble de ce qui existe réellement peut être suggéré en hypnose.

Anecdote naturaliste : — *Depuis ce matin, quand vous regardez, vous ne voyez pas vos lunettes. Et maintenant que j'en ai parlé cela vous gêne un peu parce qu'elles apparaissent mais vous avez été capable de les ignorer toute la journée comme si elles étaient effacées de votre nez par votre cerveau qui a cette compétence de simplification...*

Suggestion : — Quand *vous conduisez, vous ne voyez pas que le pare-brise est sale, les insectes collés à la vitre n'existent pas pour votre cerveau. De la même manière en ouvrant les yeux, vous m'entendrez, mais vous ne me verrez pas.* {Suggestion d'invisibilité}

37. ☐ S. d'hallucination positive

Suggérer une hallucination positive c'est proposer l'expérience de ce qui n'est pas, c'est permettre au sujet de percevoir ce qui n'existe pas réellement. C'est un phénomène réputé assez difficile à obtenir selon l'échelle de Stanford qui classe les phénomènes par facilité de suggestion et parfois paradoxalement très facile à obtenir avec les personnes qui en ont la compétence. L'hallucination positive modifie la réalité car en montrant ce qui n'existe pas elle permet souvent d'occulter ce qui existe. Cela la rend complémentaire des autres types d'hallucinations comme la négative.

Anecdote naturaliste :
— *Au fait, avez-vous déjà vu dans un film une voyante qui regardait dans une boule de cristal ?*
— *Euh, oui sans doute*

— C'est drôle, j'ai vu hier un reportage sur leur manière de tromper les gogos !
— Ah bon ?
— La boule est truqué dans le socle, c'est extrêmement ingénieux, il y a un éclairage et de minuscules diapositives intégrées.
— Truquée ?
— Finalement le client voit des symboles dans la boule puis cela devient flou et son imagination entraîne ensuite d'autres visions encore plus précises.

Suggestion sous hypnose : *Pour l'instant, je pose la boule sur le tapis, faite attention à ne pas marcher dessus. Dans quelques instants, je la prends comme ceci et, attention c'est lourd, je la pose sur vos genoux... Tenez la bien... Vous pensez à quelque chose d'agréable dans la journée d'hier, ce que vous avez pris au petit déjeuner par exemple.*
Regardez bien dans la boule qui est encore un peu floue. Quels détails voyez-vous d'hier...
[Le sujet raconte ce qu'elle voit.]
— La boule devient floue avant de montrer le futur encore plus loin. Si le flou se dissipe, alors la tête va pencher en avant. Regardez bien dans la boule cette journée en 2025 ... Si c'est agréable, je vous laisse quelques minutes pour vivre une journée entière avec tous les détails.
Dans quelques instants vous pouvez revenir, me rendre la boule et me raconter...

38. ☐ S. d'hypermnésie

L'hypermnésie est le pendant de l'amnésie. Elle provoque un rappel intense de souvenir presque photographique

Histoire naturaliste : — *Il y a de nombreuse façon de jouer avec un puzzle. Il y a ceux qui cherchent d'abord à poser les coins ou les bordures, il y a ceux qui trient les pièces de la même couleur et encore ceux qui se concentrent sur les pièces d'une forme particulière. Mais à chaque fois qu'une pièce trouve sa place la vision devient plus précise et on voit de nombreux détails qui apparaissent de plus en plus.*

Suggestion : — *Vous pouvez vous souvenir peu à peu ou tout peut revenir globalement d'un seul coup jusqu'aux plus petits détails.* {Double lien}

39. □ S. d'hyperesthésie

Cette hyper sensibilité est le pendant de l'anesthésie. Le phénomène qui peut être suggéré sous hypnose apparait naturellement à l'état de veille, par exemple lorsque l'on a attrapé un coup de soleil sur le dos. La perception des sensations sur la peau est alors exacerbée comme si la peau était usée par un frottement mécanique et de ce fait très sensible.

Anecdote naturaliste : — *Tout le monde se souvient, comme mon fils d'une première journée sur la plage par grand soleil, Mon fils a pris un coup de soleil si terrible qu'il ne supportait même pas que on lui passe de la crème apaisante ou qu'on lui pose un seul doigt sur le dos.*

Suggestion : — *Dans quelques instants, je vais claquer des doigts et à chaque claquement de doigts la peau sera deux fois plus sensible. [clac...clac...clac...]*

40. ☐ S. idéomotrice

Un type de suggestion causant un mouvement (lévitation, clignotement des paupières, mouvement des doigts, ventre qui gargouille ...etc.) par exemple pour suggérer des mouvements inconscients des doigts, préparer le sujet avec ces instructions :

— *Prépare une main en la secouant comme si tu faisais baisser le mercure dans un thermomètre puis lorsqu'elle est bien détendue place-la dans une position décontractée par exemple en plaçant un coude sur une table.*

Puis suggérer des mouvements inconscients des doigts de la main :

— *Et je ne sais pas à quel moment les doigts vont bouger...ni lequel bouge en premier...en général c'est l'index...et des petits mouvements erratiques caractéristiques d'un excellent sujet hypnotique {ratification et approfondissement}.*

Cela peut permettre de mettre en place un code pour communiquer avec l'inconscient. Ce type de suggestions communément appelé « signaling » permet de convenir d'un code avec notre cerveau pour dialoguer directement avec lui. Puisque nous savons qu'il fait volontiers des gestes, le plus simple est de lui suggérer de faire un geste inconscient d'un doigt de la main pour dire « Oui » et d'un autre doigt pour dire « Non ».

Envisageable dans tout type d'usage nécessitant un dialogue. Par ex débroussailler les problématiques inconscientes pour affiner l'origine du problème afin d'imaginer un mode opératoire de résolution. Une fois quelques mouvements obtenus, il suffit de suggérer :

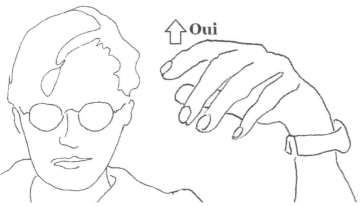

— *Je demande à ton cerveau de bouger le doigt qui va dire « oui*
« Puis : — *Quel est le doigt qui dit « non » ?*

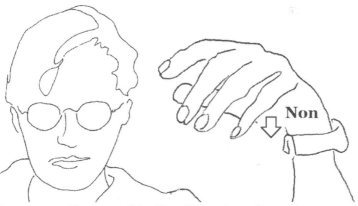

<u>Remarque :</u> Il est possible d'améliorer le code en ajoutant une ré-
ponse «*je ne sais pas* » ou bien «j'ai *besoin de temps pour répondre*
»

41. □ S. (d') induction

L'induction est l'ensemble des manœuvres pour amener un sujet

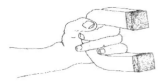

en transe hypnotique. C'est le moment du passage en hypnose :

— *Il s'agit de créer d'emblée une attitude interrogative d'attente* (Milton Erickson)

C'est d'ailleurs la plupart du temps une accumulation, une guirlande de suggestions additives qui constituent une somme de suggestions congruentes. La dernière porte de coup de grâce mais c'était déjà fait et ce n'était plus qu'une question de temps.

— *Et au moment où les mains se touchent, il se passe quelque chose d'extraordinaire et vous entrez à l'intérieur de demain et de vos mains.*

42.   ☐ S. (de) lévitation de la main

Le mouvement involontaire d'un bras qui conduit une main à léviter peut se suggérer. On parle de lévitation de la main pour des raisons sémantiques, mais c'est le bras qui s'actionne afin de soulever la main. En somme lorsque la main monte doucement c'est une catalepsie très légèrement déséquilibrée vers le haut dans la direction de la tête.

[Confusion anecdotique] : — La *lourdeur dure une heure et le léger été toute une saison.*
— *Et vous ne savez pas calmement le bras choisit pour monter.* {Confusion}
— *Et la main monte...*

43.   ☐ S. (de) progression en âge

La progression en âge peut avoir lieu dans une simple conversation à l'état d'éveil en dehors de l'hypnose. Cependant c'est sous hypnose que le phénomène peut être suggéré et amplifié pour que le vécu paraisse réel et très détaillé. Appelé aussi futurisation, il s'agit de suggérer une désorientation temporelle vers le futur puis d'aller y faire un tour subjectivement

Anecdote naturaliste : — *Tu as vu retour vers le futur ?*
Suggestion : — *Au moment exact où tu t'assoies sur cette chaise tu es en 2025 et en transe. Peux-tu me raconter ta journée en détail ou commencer par en donner les grandes lignes ? En 2025 prendras-tu du café ou du thé au petit déjeuner ?*

44. □ S. post hypnotique

Une catégorie de suggestions qui se déclenchent après la séance à un moment donné ou sur un déclencheur spécifique.

Ce phénomène permet de prolonger l'effet de l'hypnose en dehors de la séance pour que le sujet aborde ses difficultés dans un état de ressource optimum. Il consiste de fait à programmer[17] une transe d'autohypnose chez le sujet. Celle-ci pouvant avoir lieu sur un déclenchement qui peut être un événement externe :

Suggestion : — *A chaque fois que vous verrez le bleu du champ opératoire, vous retournerez dans cet endroit calme pour vous promener tranquillement.*

Ou un moment précis selon l'horloge interne du sujet :

Suggestion : — *Mardi prochain à 14h vous m'enverrez un SMS pour dire que tout va mieux* !

A noter qu'il existe d'autre façons de prolonger la séance :

- o   Poser une ordalie
- o   Prescrire une tâche
- o   Prescrire un rituel etc…

Pour mémoire, l'hypnose parentale utilise pour transmettre les valeurs l'aide de sentences maintes fois répétées entrant dans les croyances culturelles comme la formule suivante :

— *Café bouillu, café foutu* !

---

[17] La structure de phrase: — *A chaque fois que TRUC alors CHOSE* ! ou : — *SI QUAND TRUC ALORS CHOSE* ! est parfaitement adaptée pour poser une suggestion post hypnotique en la répétant plusieurs fois sous hypnose.

45. ☐ S. (de) processus inconscient

Parmi les processus inconscients que l'on peut suggérer, la recherche trans-dérivationnelle se déclenche parfois spontanément lors de la digestion d'un repas trop copieux, ou après un lapsus qui provoque une surprise. Milton Erickson préconise d'utiliser pour la suggérer des jeux de mots, des associations littérales, des paradoxes, des doubles sens... etc.

C'est l'expression de la créativité de l'esprit inconscient. Il suffit de la canaliser sur une question, éventuellement une durée, et de susciter une telle recherche trans-dérivationnelle. Elle peut d'ailleurs constituer un processus inconscient asynchrone tournant en tâche de fond jusqu'à l'obtention d'un résultat.

[Pour cette ado qui se désole de sa cicatrice d'opération à la cheville] Histoire ennuyeuse : — *Je comprends que ta cicatrice te déplait, alors parlons d'autre chose. Tu sais au muséum Il y a des crânes qui datent de la préhistoire... et qui sont trépanés. Des crânes préhistoriques remarquables ! Ils ont un trou sur le côté, là* [montrez la tempe.] *Un gros trou et on voit encore les traces de silex qui ont servi à creuser. Imagine ces crânes qui ont été trépanés. D'abord les conservateurs on crut que c'étaient des manipulations d'ossements, mais en y regardant de plus près, on voit parfaitement sur certains un bourrelet de belle cicatrisation autour du trou. Les médecins sont formels, cela veut dire que la personne a survécu à sa trépanation et vécu longtemps après.*
 [Coup de théâtre] — *C'est la préhistoire, mais ce dont on est sûr c'est que **les cicatrices, c'est l'épreuve de la vie*** {double sens ; les preuves de la vie}

46. ☐ S. (de) réassociation

Phénomène inverse de la dissociation. Moment où toutes les parties se rassemblent en un tout pas si unique que cela.
 — *Et quoique ce soit qui ne soit pas ceci, c'est la personne, c'est l'individu qui est revenu.*

On a coutume de dire que si le sujet se frotte le visage et reprend possession de son corps par des étirements et des gestes d'auto-contact, il revient d'une transe profonde. Quoi qu'il en soit[18] le niveau de suggestivité est alors élevé pendant une dizaine de minute après son retour et c'est l'occasion d'ancrer les suggestions post hypnotiques. Il est aussi d'usage d'ajouter des suggestions de bien être pour le reste de la journée afin de laisser un bon souvenir de la séance d'hypnose.

— *Je me demande quelle est la quantité maximum de bien être que vous pouvez atteindre aujourd'hui.*

47. S. (de) réveil

— *Réveille-toi !*
A égalité avec la suggestion « dors » c'est sans doute la plus fréquente voire la plus commune en hypnose. Elle sert à ramener le sujet dans l'ici et maintenant c'est-à-dire à le réassocier et le replacer dans l'orientation spatio-temporelle de la réalité. La suggestion de cesser de dormir ou de se réveiller contenant déjà intrinsèquement la notion de changement d'état de conscience pour aller vers la réalité de la journée.

---

[18] Weitzenhoffer, André M. *Hypnose et suggestion*. Paris: Payot, 1986.

A noter qu'il est possible de suggérer la sortie de transe hors notion de réveil par exemple pour :
Aller vers une transe partielle :
— *Au chiffre trois, tu restes en transe mais la tête se réveille et nous allons avoir une discussion,*
Ou bien conserver un membre sous hypnose :
— *Au compte de trois, le bras reste en hypnose et tu reviens dans la réalité,*
Ou encore utiliser le modèle automatique d'imagination[19] :
— *C'est juste ton imagination et tu peux arrêter cela quand tu veux,*

Il est communément admis qu'il est intéressant de profiter de ce rappel à la réalité pour suggérer un ou plusieurs cadeaux hypnotiques en relation ou pas avec le thème de la séance :
— *Et tu reviens en pleine forme pour passer une journée extra, tous tes muscles sont détendus comme après un bon bain chaud ...*

---

[19] Modèle d'hypnose proposé par head hacking research comme grandement provoqué par l'imagination du sujet.

48.   □ S. (de) régression en âge

La régression en âge est une modification de l'orientation temporelle qui donne au sujet un point de vue en régression sur son âge. Elle donne théoriquement accès à un ensemble de ressources supposément disponible à un âge de la vie tout en occultant celles qui ont été acquises depuis un âge plus avancé.

Anecdote naturaliste : — *Que pensez-vous de la machine à **remonter le temps** ? Tous ces films ou les horloges ont les aiguilles qui tournent à l'envers ! Ce n'est pas **possible** n'est-ce pas ?*
Suggestion :
— *Quel âge as-tu ?*
— *Comment sont tes souliers, et avec qui es-tu ?* {Notez le mot désuet pour teinter la question de souvenirs infantiles}

49.   □ S. (de) sommeil naturel

Dormir est un phénomène hypnotique journalier, il permet d'accéder à des états de conscience particuliers, paradoxaux et plein de rêves et l'une de ses caractéristiques est que l'on ne peut pas le provoquer consciemment. Autrement dit, le sommeil arrive quand on ne fait rien, c'est une « non-action » et c'est la raison pour laquelle les insomniaques génèrent leur problème en étant actif pour s'endormir.

A priori la suggestion de sommeil naturel est difficile à passer, sans doute car dans l'imaginaire de l'hypnose « dors » renvoie à la transe et non au vrai sommeil. Toutefois en passant par une transe d'hypnose personnelle et en suggérant indirectement le vrai sommeil on peut agir dans ce sens.

Par exemple, à l'intérieur d'une transe hypnotique suggérez la visualisation d'un sommeil sous forme symbolique collé au plafond comme par exemple un petit nuage.
Puis passez la suggestion : — Je *ne sais pas à quel moment le sommeil commence à descendre et je ne sais pas à quel endroit du visage il va toucher en premier.*
Vous passez du temps à le visualiser, vous le qualifiez (réparateur, long, avec de beaux rêves etc…) mais vous ne demandez pas sa venue à l'inconscient qui reste maître du moment de son arrivée.

50.   ☐ S. (de) sommeil hypnotique

Dormir est un phénomène hypnotique simple et la suggestion « Dors » est probablement la plus utilisée en hypnose depuis des siècles.

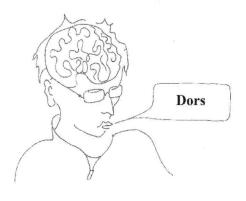

Dors

Le sommeil est associé dans l'imaginaire collectif à une léthargie inconsciente, et c'est pour cela que les transes obtenues avec cette super suggestion « dors » sont orientées calme et relaxation au lieu d'aller par exemple vers de l'hypnose en mouvement.

Suggestion : pour aller en hypnose rapidement par exemple sur une rupture de pattern : — Dors, *maintenant, dors profondément !*

Et cela ne mange pas de pain de la répéter à l'envi.
— *Dors, dors, dors ...*

51. ☐ S. (de) transdérivation

Dans la vie quotidienne il arrive périodiquement que l'attention se fixe, que les associations habituelles soient dé-potentialisées, et que survienne une recherche inconsciente. Ce peut être pour répondre à une situation nouvelle, pour chercher un point de vue nouveau pour une situation ancienne, ou encore entrer dans un moment de rêverie. Ce qui déclenche ces moments peut être un événement fortuit et surprenant, parfois simplement un jeu de mot ou un lapsus qui se prête à plusieurs interprétations.

De manière analogue, pendant la transe hypnotique, il s'agit de créer les conditions pour que la personne ouvre de tels espaces temps créatifs. A l'aide de ce que Rossi et Erickson appellent des formes indirectes de suggestion. Ces dernières s'appuient sur toute question, jeu de mot, affirmation, suggestion etc. qui nécessite une recherche de sens supplémentaire pour que la signification soit complète. L'utilisation de suggestions indirectes permet à la personne de contourner ses propres schémas préétablis et les résistances que cela implique et de lancer une recherche trans- dérivationnelle constituée de processus inconscient.

— *En réalité, vous êtes modérément modéré*
Ou bien pour faire un peu le petit professeur :
— *Savez-vous la signification de Vitriol pour les alchimistes ?*
— *C'est l'acronyme de « Visita Interiora Terrae Rectificandoque Invenies Occultum Lapidem »* ce qui signifie :
— *Visite l'intérieur de la terre et en rectifiant tu trouveras la pierre cachée !*

Cette recherche trans-dérivationnelle permet la mise en rapport d'informations selon des configurations nouvelles. En pratique, c'est une capacité du sujet de penser hors de la boite, hors du paradigme de la problématique décrite et de favoriser l'émergence de solutions créatives et nouvelles.

52. ☐ S. (de) vasoconstriction ou arrêt du saignement

Ce phénomène quasi automatique permet d'arrêter le saignement d'une plaie.

Anecdote naturaliste :
— Souvenez-*vous lorsque vous faites un bonhomme de neige les mains nues et que dans le froid vos extrémités sont beaucoup moins irriguées de sang qui réchauffe les tissus. Vous pensez alors, : — J'ai les mains ou le bout du nez gelés*

Suggestion : — *Votre cerveau sait parfaitement le faire alors vous pouvez dans quelques instants arrêter de saigner.*

53. ☐ S. (de) vasodilatation pour l'irrigation des tissus

Vous pouvez suggérer ce processus naturel qui fait augmenter le diamètre et le débit des vaisseaux sanguins par décontraction des fibres musculaires. Son action est l'opposée de la vasoconstriction.

Elle apparait naturellement en été quand vous êtes couché sur la plage par 40° à l'ombre. Vous pensez alors, :

— J'ai chaud partout ! Les pores de la peau sont dilatés et la circulation sanguine est maximale sous la peau irriguée.

Cette suggestion est parfois utilisée pour provoquer et susciter des régénérations des tissus notamment en dermatologie. Par exemple, vous ne risquez rien à la tenter pour faire disparaitre des verrues :

— Parfois quand on se lave les mains à l'eau chaude, on sent les mains qui se dilatent et si l'eau est trop chaude, même lorsqu'on s'est essuyé les mains, elles restent chaudes à l'intérieur. En été la peau est chauffée par le soleil, les pores de la peau se dilatent et les vaisseaux sanguins de même irriguent beaucoup plus les tissus. Votre cerveau sait parfaitement le faire comme au plus fort de l'été alors vous pouvez dans quelques instants irriguer la zone de ces verrues deux fois plus à chaque fois que je claque des doigts (clac, clac, clac etc.)

54. □ S. (de) vision en tunnel

Suggérer une vision en tunnel s'appuie sur une réalité physiologique. Une personne qui fait un malaise vagal décrit la perte de la vision périphérique le temps du malaise, comme si la vision se trouvait dans un tunnel. Il est tentant de penser que lorsque les yeux ne sont pas irrigués par un flux sanguin convenable, la vision diminue en performance en se restreignant au centre.

Elle est intéressante à suggérer comme une des métaphores de la concentration.

— *Babe Ruth est l'un des frappeurs de légende au baseball. Il expliquait aux journalistes qu'il voyait la balle qui arrivait dans une sorte de tunnel qui la guidait vers sa frappe. Il produisait naturellement le mécanisme hypnotique de vision en tunnel qui augmente grandement la concentration. Cette vision en tunnel, c'est à la fois une métaphore et une expérience pour les sportifs qui décrivent souvent ce phénomène durant le flow. C'est ne voir que ce qui compte, une capacité à se concentrer sur l'important au cœur de l'essentiel.*

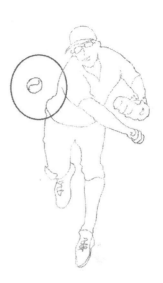

Métaphoriquement, si on élargit cette vision en tunnel à l'ensemble de la perception, c'est la façon privilégiée que nous avons d'atteindre l'excellence dans une activité. C'est le soliste qui attaque son concerto en ne percevant que l'émotion qu'il veut nous communiquer (ses mains jouent toutes seules).

— *Au compte de trois tu vas rouvrir les yeux mais ce sera un peu flou tu me verras au centre mais le reste sera flou.*

— *Puis tu vas refermer les yeux et compter jusqu'à trois et quand tu ouvriras les yeux à nouveau tu me verras au bout d'un tunnel.*

73

SUGGESTION PAR ORDRE ALPHABETIQUE

55. □ S. (par) absence de citation

Vous faites une longue énumération détaillée[20] qui en devient exaspérante de précision, mais vous ne citez jamais ce que vous voulez suggérer.

Par exemple, la description d'un tableau de bord de voiture sans évoquer le volant :

— *Il y a dans cette voiture des leviers de vitesse, de freins, des voyants de contrôles, des pédales et des interrupteurs et un cendrier et une boite à gants et un autoradio et de nombreux dispositif de commande ...etc.* . {Le volant est le grand absent qui se suggère tout seul}

56. □ S. (par) allusion

Par exemple, faire allusion à un repas savoureux provoque la déglutition.

— *Au fond du plat, il y a plusieurs portions d'un délicieux dessert de repas de mariage* {pour faire saliver}

Ou, pour évoquer le cambouis sur les mains.

— *la mécanique auto, c'est salissant.*

---

[20] Pour évoquer la sexualité, Erickson décrit minutieusement une chambre à coucher sans jamais parler du lit.

57. ☐ S. (d') activation des rêves

C'est une suggestion classique pour prolonger l'action de la séance d'hypnose afin de continuer le travail toutes les nuits.

Il est possible de donner un travail aux rêves sous forme de processus inconscient que vous suggérez. :

— Je demande à ton inconscient d'activer les rêves pour rechercher des solutions pour le problème « TRUC » .... Et pendant une semaine....

Comme il y a plusieurs rêves par nuit, pour ne pas être trop directif il est préférable de laisser le choix du rêve :

— Je demande à ton inconscient de continuer ce travail sur le problème « TRUC » .... Dans le second ou le troisième rêve et faire en sorte que tu découvres du nouveau au réveil.

58. ☐ S. activatrice

Il s'agit ni plus ni moins d'activer un processus inconscient dans la tête du sujet. Arrangez-vous pour que le sujet ne puisse accepter votre proposition qu'en acceptant l'idée, le processus inconscient ou le contexte proposé.

— Quel est la couleur d'un océan calme ?

Pour calmer un enfant agité, vous pouvez lui proposer d'activer la notion de calme sans qu'il s'en rende compte. Ajoutez : — *Je ne sais pas* — pour prendre la position basse et surfer sur l'énergie de sa prédisposition à être meilleur que vous {puisque vous ne savez pas, lui il va trouver} et quelle que soit sa réponse (bleue, rouge ou vert ...) Il aura accepté la suggestion d'évocation du calme comme état intérieur ... de l'océan et de lui-même.

— Je ne sais pas quelle est la couleur d'un océan calme ?

59.   □   S. (par) alternative illusoire

Grand seigneur vous laissez le choix, mais c'est comme dans la cour de récréation avant de tirer à pile ou face :
— *Pile je gagne, face tu perds, c'est d'accord ?*
Appliqué à la suggestion d'une analgésie :
— *Pour cette analgésie, vous pouvez choisir de ressentir la pression ou bien rien du tout. {Dans les deux cas on avance vers l'analgésie voire l'anesthésie}*

Appliqué à une régression en âge :
— *Et vous pouvez vous souvenir agréablement d'une séquence qui s'est passé quand vous avez cinq ans, ou peut-être vous pouvez retrouver une séquence plus tardive {Dans les deux cas on avance en reculant vers la régression}*

60.   □   S. (par) analogie

Un « Burn out » c'est l'occasion de voir comment marche une batterie de voiture. Il y a des accessoires qui la déchargent et d'autres qui la rechargent. Ils sont tous connectés ou en contact avec la batterie.
— *Faisons deux colonnes sur ce papier. Je vous propose de faire à votre rythme la liste des relations et des actions qui déchargent votre batterie dans la première colonne et dans la seconde d'écrire ce que vous savez qui recharge votre batterie.*

Pour la prochaine séance, choisissez 3 actions qui rechargent votre batterie.

— *Gardez le papier dans votre sac à main et vous pouvez ainsi ajouter des actions dès que vous y pensez.*

61. ☐ S. (par) ancrage kinesthésique

Ce client est en recherche d'emploi et vous lui racontez une manière de voir un job en forme de vecteur que vous ancrez à sa personne. Puis vous posez une suggestion post hypnotique pour son rendez-vous de recrutement à venir.

— *Vous m'avez dit aimer les mathématiques ? Vous connaissez surement la notion de vecteur en physique ou en mathématique ?* [Agitez votre main sous ses yeux] *Un boulot c'est un vecteur, que l'on peut représenter par les doigts de la main :*
- o *Le pouce c'est le salaire,*
- o *L'index l'intérêt du travail*
- o *Le majeur, le lieu géographique*
- o *L'annulaire l'équipe avec qui on va travailler*
- o *Et l'auriculaire c'est le devenir !*

Bien sur le devenir ce n'est pas la même chose pour un jeune qui veut « faire son CV » et un quinqua qui aspire de trouver une bonne boite qui le garde jusqu'à la retraite !
Eh bien on ne peut pas négocier les cinq éléments en même temps, il y a souvent des concessions à faire, même si le salaire suit en général avec le talent et les compétences acquises.
[Secouez la main et si le client fait pareil en vous imitant c'est bon signe] *Par exemple au moment où l'on se serre la main* [serrez lui la main] *on peut se rappeler que tous les doigts participent à leur manière à la force et la réussite de la poignée de main.*

— *Quand vous irez négocier demain pensez aux deux mains.*

62. ☐ S. (par) ancrage de gestes physiologiques

A ce sportif qui aimerait avoir plus de force, de puissance :
— *Quand as-tu de la force ?*
— *Euh, pas souvent !*
— *Sais-tu ce qui se passe quand tu éternues ?*

— Euh...

— Au Moyen Âge, on pensait que le Diable tournait une page du grand livre de notre vie pendant l'éternuement et de ce fait tu risquais de perdre ton âme. Depuis, les scientifiques ont étudié le phénomène qui sert, paraît-il, à oxygéner le cerveau et le plus surprenant {créer de l'attente}, c'est qu'il va presque aussi vite qu'une « Formule 1 ». La vitesse de l'éternuement, c'est environ 300 km/h. À cette vitesse, personne ne peut te battre, ni te barrer le passage. À partir de maintenant, à chaque fois que tu éternues, tu peux faire un réservoir de force et de vitesse en faisant un geste.
Je te propose de faire comme les Brésiliens qui se pincent le lobe de l'oreille et tirent vers le bas. En même temps, ils disent :« é muito bonito » Au Brésil cela veut dire que tout va bien. Donc à chaque fois que tu éternues, tu fais ce geste en disant « Force » et ce sera ton réservoir de force pour chaque fois que tu en auras besoin.
À partir de maintenant avant de prendre le départ, tu déclenches ton ancre en tirant sur ton oreille en disant « Force » et rien ne peut t'arrêter {suggestion de puissance}.

Cette suggestion consiste à associer par un ancrage un phénomène physiologique avec la force indéniable. Plus le sujet recharge son ancre et plus il bénéficiera de sa réserve de force {prophétie auto-réalisante}.

63.   □ S. (par) apposition d'opposés

L'esprit est ainsi fait que si on lui propose d'aller voguer sur le canal du midi, il ne peut ensuite aller que d'un côté ou de l'autre. C'est le même mécanisme chaque fois que vous restreignez le déplacement pour aller d'un opposé à un autre. Par exemple du léger au lourd ou du chaud au froid même en partant du tiède.
— Plus la main est froide, et plus la poitrine se réchauffe.
— Plus ceci est léger et plus cela est pesant.

64. ☐ S. architecturale

Le palais de justice de Bruxelles, est un exemple d'architecture écrasante construit pour donner l'impression d'unité de l'exécutif et du législatif mais aussi pour rendre minuscule le plaignant dans l'immense salle des pas perdus au plafond vertigineusement haut. Il faut rappeler que l'architecture est un art étatique. De par le contrôle instauré par le permis de construire, l'architecture est rarement sauvage ou même naïve. Un contre-exemple pourrait être le palais idéal du facteur cheval[21] qui reste un exemple rare de monument construit pas un seul homme et communique une poésie surréaliste. A notre échelle c'est l'architecture de la salle d'attente qui peut influencer le client.

La rigueur des meubles et des nombreux diplômes encadrés sont des suggestions. On peut les compléter par des photographies de transe (lévitation, catalepsie, retour de transe etc...) ou des manifestations de l'hypnose exotiques (transe à Bali, fakir sur une planche à clous etc...) constituants des pré-inductions et pouvant faire l'objet de nombreux et riches commentaires pédagogiques.

65. ☐ S. (par) arrêt d'un mouvement conscient

— *Les doigts bougent comme s'ils dansaient en groupe chacun à sa manière.*

---

[21] A Hauterives dans la drome un facteur a construit plusieurs édifices édifiants de ses propres mains.

Demandez au sujet de serrer le poing aussi fort qu'il désire obtenir quelque chose.
Par exemple :
— *Serre le poing aussi fort que tu veux vivre un état d'hypnose.*
Installer un pattern à partir d'une détente :
— *Et maintenant arrête de serrer et détend le poing.*
Puis demander un mouvement des doigts :
— *Et maintenant laisse les doigts danser, bouger ...*
Et rendre ce mouvement difficile à gérer consciemment :
— *Les doigts dansent indépendamment...*
Féliciter et laisser le pattern s'installer :
— *Bravo, les doigts dansent indépendamment, chacun fait sa propre danse dans son coin et on ne peut pas deviner ce qu'il va faire par rapport aux autres...,*
Attendre un peu que le sujet se fatigue puis stopper le mouvement :
— *Et maintenant arrête, ne fais plus rien.,*
Surprise ! les doigts continuent de bouger tout seul :
— *Et tu peux observer le mouvement qui se fait tout seul, observe et tu peux en faire un apprentissage inconscient.*

66.   □   S. (par) auto-recadrage

L'auto-recadrage c'est lorsque le sujet se recadre de lui-même.
Cela se produit parfois naturellement comme un insight qui s'impose d'un seul coup, mais ce qui est intéressant en hypnose c'est que vous pouvez le susciter chez le sujet.
Pour cela, l'art consiste à confier au sujet une tâche d'observation, d'introspection ou de recherche prévue pour le mettre en face d'une situation recadrante. Par exemple pour une patiente dépressive :

— Vous vous y connaissez en mots croisés ? Parce que là moi je séché : 4 horizontal en dix lettres : qualité pour un aspirateur, maladie pour une femme ?
Surtout ne donnez pas la solution, ce qui est puissant c'est que ce soit elle qui trouve, même et surtout en dehors de la séance :
— Dépression.

67. □ S. (par) aveu de ne pas savoir et de ne pas faire

La position « ne pas savoir ou ne pas faire » est une puissante énergie qu'elle soit suggéré au sujet ou prise par vous car elle laisse l'initiative à la partie inconsciente et la sollicite.

— Vous n'avez pas besoin de réfléchir ou de répondre ou d'essayer de faire quoi que ce soit. En fait il n'est même pas utile que vous m'écoutiez car je ne vous parle pas, mais je parle aux lobes de vos oreilles ...
Cette pratique est directement une suggestion à l'inconscient pour le mettre en action.

68. □ S. (par) boucle

C'est un grand classique de l'hypnose toujours aussi efficace. La boucle de base se compose de [et plus] TRUC [et plus] CHOSE. Par exemple :

— Et plus les paupières clignent et plus le visage se détend.
Ou en version triple :
— Et plus les paupières clignent et plus le visage se détend et plus une sensation de bien-être s'installe.

69. □ S. (par) calembour

Les calembours sont par exemple des jeux de mots qui portent sur la phonétique d'un groupe de mots homophone. Ils sont pratiques pour instiller une suggestion par double langage. Lorsqu'au moment de les prononcer leur sens est indécidable cela bloque le facteur critique et fait passer la suggestion.

— *Je vais démissionner !*
— *Finalement votre boulot c'est un boulot parapluie !*
— *Parapluie ?*
—*Oui parce qu'on l'apprécie lorsque on sent des gouttes.*

De plus ils élargissent la carte du territoire du sujet parce qu'ils bousculent le paradigme de la plainte en signifiant plusieurs options à la fois.
A vous de vous constituer une petite collection de calembours :
Par exemple pour un ado qui doit aller travailler :
— *Maintenant tu vas faire comme les athlètes qui partent sans trainer !*
Pour un détracteur des calembours :
— *Les jeux de mots laids, ne font pas les gens bêtes !*
Pour ceux qui voient la vie en gris :
— *C'est la vie, ça va passer !*

70. □ S. (de) changer de référentiel

Vous avez certainement un référentiel pour pratiquer l'hypnose qui vous est propre. Selon votre école et vos lectures, selon vos expériences en hypnose, vos heures de vols en transe vous avez certainement forgé un ensemble de croyance que vous défendez mais surtout que vous projetez sur vos clients. Si vous ne connaissez pas en détail votre référentiel, pesez-vous la question :
— *Pourquoi ça marche l'hypnose ?*
Et vous aurez une idée de votre référentiel dans la réponse.

Sachez que ce référentiel est une méta-suggestion puissante et invisible. Votre intentional s'en sert pour choisir les objets mentaux ou physiques, les stratégies, les tactiques, les discours que vous allez vous proposer de manipuler dans la relation.

— *Pour suggérer autrement changez de référentiel juste pour jouer à faire semblant !*

Par exemple vous pouvez vous amuser à faire semblant d'être chaque jour de la semaine d'une obédience différente :

<u>Lundi</u> : Psychanalytique : *cherchez la cause de chaque effet, analysez et quand vous aurez trouvé la cause viendra la catharsis et en suivant la catharsis cela ira peut-être mieux, mais la cure sera longue.*

<u>Mardi</u> : Cognitif et comportemental : *Intervenez sur les processus mentaux ou processus cognitifs parfois inconscients considérés comme à l'origine des émotions et de leurs désordres. Confrontez le sujet à ses difficultés dans « l'ici et maintenant de la séance » par des exercices pratiques centrés sur les symptômes observables.*

<u>Mercredi</u> : Analyse transactionnelle : *Asseyez-vous sur cette chaise ci et au moment ou vos fesses touchent la chaise, vous êtes votre parent nourricier... que dit-il ? Ecoutez, vous pourrez toujours aller sur cette chaise là et faire l'enfant rebelle.*

<u>Jeudi</u> : Solutionniste : *Le problème n'est qu'une description de la réalité à un moment donné. Ce n'est pas un cadenas fermé dont il faut trouver une Clé-Solution. Aller vers la solution c'est trouver ce qui permet d'atteindre l'objectif et à ce moment, le problème n'existe plus et on ne sait pas où et comment il s'est dissolu.*

<u>Vendredi</u> : Systémique : *Trouvez où le système ne change pas, vous et les autres ont l'impression que vous changez, mais avec ces solutions d'ordre « un » qui n'en sont pas le symptôme perdure et l'homéostasie du système est préservée.*

<u>Samedi</u> : Quantique : *Dans plusieurs univers, il y a plusieurs situations concomitantes ce qui fait que le changement peut être instantané, il n'a pas besoin de temps pour s'installer car il est déjà là devant vous ou en vous.*

<u>Dimanche</u> : *Vous ne faites rien car c'est votre jour de repos dans votre référentiel. Si cela vous travaille cherchez juste une liste d'autre référentiels que vous pourriez visiter la semaine prochaine.*

— *Qui sait si vous n'allez pas garder dans votre pratique un grain de méta-suggestion de chacun des référentiels visités ?*

71. ☐ S. (par) changement de verticalité

— *Dans la crise la chute est aussi une suggestion qui amplifie les autres suggestions.*

Lors d'une induction d'un sujet debout deux cas sont possibles : soit vous avez suggéré que le sujet va rester bien stable sur ses pieds, soit vous avez suggéré qu'il va tomber en arrière[22] et vous aurez à vous porter garant de sa sécurité. Par exemple vous pourrez charger un ou plusieurs assistants de retenir sa chute et d'assurer sa sécurité en protégeant sa tête durant l'accompagnement jusqu'à la position couché par terre en sécurité.

Dans cette circonstance, le sujet vit le passage de la position debout à celle couché sur le dos comme une suggestion très forte. La suggestion de rentrer dans une hypnose profonde et dans certains cas de vivre une crise compulsive.

— *Chut, elle chute…*

72. ☐ S. (par) cérémonie

---

[22] Par exemple en déroulant un tapis de Yoga derrière lui en guise de suggestion non verbale.

A Bali une cérémonie ou les adolescents se font limer les dents[23] m'a particulièrement impressionné. Ce sont des transes communes et cependant collectives où chacun participe et trouve le courage d'y aller par la force du rituel soutenu par le groupe. Les rituels ont une force peu commune pour accompagner les changements de vie. Comme vous n'avez pas forcément de rituel sous la main compatible avec le contexte culturel de votre sujet, le mieux est de lui faire organiser lui-même son rituel.

Suggestion : — *Je te propose d'organiser le rituel qui te parait acceptable pour cette cérémonie ou tu vas pouvoir [au choix : devenir capable de TRUC, accorder ton pardon à MACHIN, abandonner les CHOSES etc...] Tu peux meubler la salle de réception, inviter qui tu le souhaites, écrire le protocole et les discours et quand tout sera parfaitement réussi alors tu peux te dire quand tu veux, tu peux démarrer la cérémonie et la vivre sous hypnose jusqu'à ce qu'elle soit bien terminée pour tout le monde.*

En revenant dans l'ici et maintenant, si tu as envie de raconter :
— *Comment cela s'est bien passé...*

73.   □   S. (par) choc culturel de bienséance

Vous êtes en séance avec une femme élégante comme le décrit Erickson[24] :

---

[23] Pour perdre symboliquement leur attribut animalier et devenir plus humains.
24 Erickson donne pour exemple d'utilisation du choc une femme séduisante en jupe à qui il dit en entrant dans la pièce :
— *La première étape est bien sûr de décroiser vos jambes...{choc}*
— *[pause] et de décroiser les mains ;{revient à une forme correcte}*
— *Je peux écouter les murmures {à nouveau choc}*

— *Pour ce changement que vous souhaitez, je vais vous demander de faire quelque chose de particulier à un moment donné.*
— *Bon chaque fois que vous faîtes une tarte au citron meringuée...*
— *euh [le sujet réagit en postural, il exprime le « non »]*
— *Ah ! Vous n'en faites pas souvent, [avec forte mimique de déception] alors disons, chaque fois que vous prenez une douche. Je vais vous demander chaque fois que vous prenez une douche {choc par intrusion dans l'intimité}.*
— *Euh*
— *Parce que vous vous lavez les cheveux sous la douche ?*
— *euh oui*
— *Parfait parce que quand on se masse le crâne, on se masse aussi les idées. {Retour à une demande politiquement correcte}*
— *Alors à chaque fois que vous vous lavez les cheveux ; vous allez imaginer deux métiers que vous ne voudriez pas faire.*

Mine de rien, vous venez de poser une suggestion post-hypnotique et le sujet va prolonger la séance entre les séances et faire un travail mental à chaque douche :
— *A chaque fois que vous êtes sous la douche....*

74. □ S. (par) citation étendue

Il s'agit de citer quelqu'un qui cite quelqu'un d'autre. Ceci a pour effet de renforcer la valeur de l'argument d'autorité de l'origine, mais aussi créer de la confusion tout en permettant d'emboîter des suggestions :
— *Bandler cite souvent Grinder qui avait modélisé que Milton Erickson disait souvent : — Entrez en transe maintenant !*
{Confusion + effet d'autorité}

— *[pause] du vent dans les bois {et retour}*
— *Les secrets, les sentiments, les comportements etc. ; mieux vaut que vous n'en parliez pas [...]*

75. □ S. (par) citation culturelle

Citer un film, un roman pour ceux qui ont des clients qui lisent, ou bien se mettre à la portée des jeunes et à la page (Insta, Snapchat,TikTok....) Faire l'effort de communiquer dans le médium du sujet est une méta suggestion en soi. Ne pas négliger le travail de pré-induction effectué par un siècle de conventions cinématographiques et que vous pouvez réutiliser pour vos séances.
— *Avez-vous vu retour vers le futur ? {Préparer régression ou futurisation}*

76. □ S. conditionnelle par réseau associatif.

Milton Erickson avait remarqué que la suggestion la plus suivie, celle qui est toujours acceptée à 99,99%, c'est une demande de continuer à faire ce que l'on faisait :
— *Peux-tu continuer à faire ce que tu fais ?*
Cette suggestion, on l'ajoute subtilement dans le flux naturel de comportement que l'on a préalablement observé. Par exemple dans la relation parent/enfants :

— *Pose la poubelle dans la rue en sortant ton vélo du garage.*
[Énoncé pendant qu'il court vers le garage avec l'intention de prendre le vélo]
Ici le flux de comportement qui est déjà en train de se produire « en sortant » devient conditionnel au fait de « poser la poubelle dans la rue ». Le réseau associatif est constitué d'actions reliées par une logique de d'association qui restent souvent invisible pour le sujet. Dans un contexte d'induction, vous pouvez créer un réseau associatif d'événements et désigner une chaise en disant[25] :
— *N'entrez pas en transe avant de vous être complétement assis ici dans cette chaise.*
N'entrez pas : La négation embrouille le facteur critique,

---

[25] Erickson, Milton H., Ernest Lawrence Rossi, Sheila I. Rossi, et Milton H. Erickson. *Traité pratique de l'hypnose: la suggestion indirecte en hypnose clinique.* Paris: Grancher, 2006.

De vous être complétement assis : constitue une séquence d'acceptation ;
Ici : implique que si le sujet s'assoie sur cette chaise il accepte la directive et rentre en transe car il pourrait s'assoir sur une autre chaise.

77. ☐ S. (par) commandes invisibles ou directes camouflées

Le saupoudrage lorsqu'il porte sur un groupe de mots formant une phrase en forme d'injonction devient une suggestion de commandes embarquées. Ainsi dans une phrase anodine au premier degré, la mise en exergue d'une partie de la phrase change le sens et devient une suggestion très forte car elle passe inaperçue à la partie consciente. Traditionnellement nous indiquons le groupe de mots à saupoudrer dans les exemples en caractères gras.

— *Vous ne savez pas comment,* ***vous allez réussir !***

78. ☐ S. composée

— *Tu es assis et tu te détends.*

C'est très simple, il s'agit de joindre avec une conjonction « et » de manière paraissant logique ce qui ne l'est absolument pas.

— *Tu es dans ce fauteuil et les yeux se ferment.*
—*La main lévite et tu entres en hypnose.*

79. ☐ S. (par le) conte

— *La suggestion en hypnose, c'est la prise en conte !*

A ce client qui déprime d'avoir été complétement écarté du podium lors d'un concours d'éloquence alors qu'il avait fait une prestation remarquable.

— *Connaissez-vous l'histoire du roitelet et du corbeau ?*

— *non ...*

— *C'est un roitelet et un corbeau qui se disputent pour savoir qui chante le mieux. Le roitelet dit qu'il est mélodieux, qu'il connait la musique et le corbeau objecte qu'il a plus de puissance. Ils en viennent à crier et ont l'idée de prendre un arbitre pour les départager. Justement, un cochon vient sur le chemin qui accepte de faire le jury. C'est le roitelet qui commence et chante une superbe phrase musicale si émouvante. Puis c'est le tour du corbeau qui croasse si fort que les feuilles des arbres tremblent.*

Le cochon réfléchit et annonce, c'est le corbeau qui chante le mieux. Le roitelet se met à pleurer toutes les larmes de son corps et le corbeau qui voit cela lui demande : — Tu pleures parce que tu as perdu ? Non répond le roitelet : *— Je pleure parce que j'ai été jugé par un porc !*

80.   ☐ S. contextuelle

Un ancrage sur le lieu est une suggestion contextuelle, et par exemple c'est bien naturel que le bureau du thérapeute soit en seconde séance un lieu plus propice pour repartir en transe. Cela se fera naturellement même s'il est aussi possible de le placer la suggestion post hypnotique :

— *Et à chaque fois que vous serez dans ce bureau vous entrerez en transe deux fois plus facilement, deux fois plus profondément et deux fois plus rapidement.*

Mais le contexte peut aussi être prévu pour l'avenir. Dans le cadre de l'apprentissage de l'auto-hypnose par un hypnotiseur qui se met au service de son client et propose de lui transmettre le pouvoir de se débrouiller tout seul.

— *Tu sais faire une micro-sieste, mais attention cela peut être bien plus profond et très agréable.*

Sous couvert d'un fusible il est stratégique de faire une suggestion d'amplification (rapidité de la micro-sieste, et augmentation de la profondeur et sensations nouvelles) lorsque le sujet sera seul. C'est altruiste, et c'est aussi une manière de se rendre moins nécessaire, de donner le contrôle sans le prendre. Par exemple au moment où le sujet passe la porte :

—*Au fait ne le faites pas en voiture mais seulement au lit ou sur un canapé très tranquille ! Ah et j'ai oublié de vous dire que lorsque vous serez seul cela risque d'être beaucoup plus profond parce que je ne serai pas là, en fait je ne suis qu'un catalyseur.*

81. ☐ S. couvrant toutes les possibilités d'une classe

Elle ne couvre pas toujours <u>toutes</u> les possibilités d'une classe, mais il faut essayer de faire en sorte qu'elle en couvre beaucoup car c'est là que réside sa force qui fatigue et conduit le client à choisir le dernier item de l'énumération.

— *Tu peux choisir de rester sur cette chaise, te lever, passer par la fenêtre, sourire, écrire une lettre pour ta prochaine séance, apprendre à faire le poirier ou... **entrer en transe lentenant.*** {confusion lentement/maintenant}

82. ☐ S. contextuelles culturelle

L'imaginaire de l'hypnose est variable dans l'histoire et dans la géographie. Un client de Frank Anton Mesmer prenant place autour du bacquet s'attendait à entrer en transe en chutant lourdement pour être ensuite pris d'une crise convulsive.

Ce n'est pas la même transe que vit de nos jours un adolescent à Bali lors de la cérémonie du limage des dents dont il ne se rappelle presque plus rien en fin de journée.

C'est encore une transe différente sur un lit d'hôpital, dans la rue, sur un banc public, ou encore dans un cabinet muni d'un confortable fauteuil bien rembourré.

Si la transe est souvent à l'image de ce qui est attendu culturellement par le sujet. Il est toutefois possible de la transfigurer par des suggestions en pré -induction. C'est ce que font les hypnotiseurs de spectacle en passant en boucle des vidéos sur grand écran pour suggérer en pré-induction ce que l'on attend du bon sujet sur scène.

Dans le même esprit, montrer une vidéo de crise obtenue par exemple en hypnose non verbale avec le regard magnétique est une forte suggestion de se libérer des blocages quel que soit ensuite le mode d'induction.

— Je vais vous montrer une vidéo de crise convulsive obtenue par hypnose magnétique !

83. ☐ S. contingente à l'éveil

Vous prédisez quelque chose qui se produira exactement au même moment que le réveil.

—Je peux compter de dix à un, et quand je compterais « un » vous allez vous réveiller, mais pas votre bras ;

—10,9,8,7,6,5,4,3,2, et 1

— Le bras reste en catalepsie.
Cela peut être aussi à un autre moment quand : la tête sera posée sur le dossier, le bras sera sur la cuisse etc....

84. □ S. (par) délégation du choix de la profondeur de transe

Laisser choisir l'inconscient du client pour ce qui est de la profondeur de transe est une suggestion qui présuppose qu'il y aura une transe et de plus cela brosse les éventuelles résistances dans le sens du poil. Voyez-le comme une co-stratégie d'approfondissement qui délègue la responsabilité d'une importante partie de l'induction et qui donne du pouvoir à l'inconscient du client.

— *Comment voulez-vous entrer en transe ? Lentement ou rapidement ? Nous allons laisser votre inconscient choisir la profondeur de transe pour faire ce travail.*

— *Euh...*

— *En fait, vous ne savez pas encore quel niveau de transe va vous faire expérimenter votre inconscient.* {« encore » présuppose qu'il ne va pas falloir attendre longtemps.}

— *Il paraît d'ailleurs qu'en hypnose ericksonienne la profondeur de transe n'a pas d'importance,* {il y aura une transe}

85. □ S. (par) déplacement de la résistance

Avec un sujet qui souhaite résister et par exemple est déterminé à démontrer qu'il n'est pas hypnotisable. Erickson propose d'accepter sa demande :

— *Il y a bien sur une possibilité que vous ne soyez pas hypnotisé...*

— *Il y a plus de chance que vous ne soyez pas hypnotisé...*

Puis déplacez la résistance vers un objet {ici une chaise} :

— *Essayons cette chaise*

[Le client s'assoie]

— *Si vous échouez avec celle-ci, il y a encore la possibilité d'entrer en transe.*

On essaye ensuite les chaises l'une après l'autre, chaque expérience négative épuise la résistance sans échec puisque c'est une option prévue et annoncée.

86. ☐ S. (pour) déterminer le travail prioritaire dans une séance

Vous voyez déferler une cascade de plaintes différentes qui s'enchaînent s'imbriquent et finalement se protègent du changement. Cette suggestion permet de se recentrer sur un seul objectif prioritaire, du point de vue du sujet, pour la séance. {Présupposition : cette plainte au moins sera traitée}

— Si tu devais traiter un seul problème dans cette séance tu voudrais résoudre quoi ?
{Recadrage sur un seul objectif.}
— Euh, les migraines ?
— Bon, alors allons-y pour ces sensations vraiment désagréables.

87. ☐ S. (par) détournement de sentence

— Maintenant on va prendre les cornes par le taureau !

Les proverbes, sentences, aphorisme, slogans, par le fait qu'ils sont partagés dans une connaissance commune sont des vecteurs privilégiés de suggestion.
En y plaçant un grain de sable, une inversion ou un changement de structure vous en faites des suggestions puissantes :

— Ne prenez pas vos rêves pour la banalité !

88. ☐ S. (par) directive implicite

La directive implicite est organisée en trois partie :

Par exemple dans cette manière de sortie de transe se cache une directive implicite suggérant de futures séances ou l'entrée en transe sera une formalité. La structure de la suggestion est la suivante :
1)Un cadrage temporel : — *Dès que votre inconscient saura*
2)La suggestion implicite proprement dite : — *qu'il peut retourner facilement et rapidement dans cet état de transe à chaque fois que vous ferons une séance.*
3)La réponse comportementale signalant que la suggestion est passée et que la directive a donc été appliqué sous forme de processus inconscient *: — Vous allez prendre un peu de lumière sous vos paupières et revenir ici et maintenant en pleine forme et prêt à continuer sur une journée dynamique.*

89.   □ S. (par le) doute

— *Le doute est un puissant levier d'introspection.*

La litote[26] cette formule de rhétorique classique est utilisée pour instiller le doute qui suggère indirectement la contraposée, ainsi :
—*Pensez-vous que vous êtes entièrement éveillé ?*
Renvoie au doute et par ricochet à la suggestion : — *Vous n'êtes pas éveillé c'est à dire vous êtes en transe.*

De sorte que faire douter, c'est suggérer.

---

[26] La litote c'est dire moins pour suggérer plus. Un exemple dans Le Cid de Corneille. Chimène s'adresse à Rodrigue: « Va, je ne te hais point ! », pour lui signifier qu'elle l'aime encore.

90.   □ S. (par) double lien

Parmi tous les doubles liens possibles l'hypnose ericksonienne fait fréquemment usage de l'illusion du choix du type : — Pile *je gagne, face tu perds !* — . Dans ce cas, le double lien est un choix illusoire particulièrement destiné à susciter une réponse parmi les quelques propositions avancées :

— *Vous allez avoir une sensation agréable dans le bras, une sensation de bien-être ou il se peut que vous perdiez toute sensation, ou il peut vous sembler être comme un morceau de bois, comme si cela n'était plus votre bras.*

Et nous voilà parti pour une sensation à faire grandir ou bien une catalepsie par absence de sensations et cela au choix du sujet. Il vous suffit de le calibrer pour savoir dans quel sens vous irez ensuite.

91.   □ S. (par) double lien conscient inconscient

En utilisant la métaphore du modèle conscient/inconscient, il s'agit de s'adresser à l'inconscient en présence du conscient qui écoute mais ne peut rien réaliser effectivement de ce qui est demandé.

Le sujet est amené à porter son attention sur l'intérieur de lui-même et enclenche automatiquement des processus inconscients.

— *Si votre inconscient est prêt à vous faire entrer en transe la main gauche va se lever et s'il n'est pas disposé pour tout de suite alors la main droite va se lever.*

La suggestion peut aussi demander de ne rien faire ou en tout cas nier l'intérêt de l'action consciente pour inciter l'inconscient à répondre illico :

— *Et vous n'avez pas besoin de m'écouter car je ne vous parle pas et je parle aux lobes de vos oreilles et pendant que vous n'écoutez pas votre inconscient peut faire tout ce dont il a besoin pour obtenir cette anesthésie dès demain ou dans la main. {Confusion}*

92. ☐ S. (par) disposition de l'esprit ou présuasion

— De quelle couleur la neige ? Le papier de ce livre ? La crème chantilly ? et au fait qu'est-ce qu'elle boit la vache ?
— Du lait !

Cette blagounette de cours de récréation utilise la présuasion[27] qui consiste à influencer avant de commencer à influencer. La disposition de l'esprit appartient au sujet, mais tout ce que vous avez suggéré en pré-induction s'y retrouve et vous pouvez le calibrer.

[Au téléphone] *— Réfléchissez si voulez arrêter de fumer en un jour ou en sept jours ?*

[En début de séance] *— Vous êtes là dans mon bureau, vous voulez arrêter de fumer, vous avez choisi de le faire en un jour, dites-moi quand avez-vous donc fumé la dernière cigarette ?*

93. ☐ S. (d') encouragement

Tout le monde aime recevoir des félicitations, c'est même une occasion de baisser sa garde et d'accepter une suggestion qui contourne le facteur critique.
Encouragement, félicitation, même très simple placé au bon moment sont comme le turbocompresseur d'une séance d'hypnose, cela peut faire démarrer et fortement accélérer la séance.
La condition sine qua none est la sincérité qui construit l'accord et en même temps la prophétie auto-réalisante.

---

[27] Cialdini, Robert B, et Christophe Billon. *Présuasion: une méthode révolutionnaire pour influencer et persuader*, 2017.

Une fois dans le bon état d'esprit, il suffit d'un mot émanant de l'intentional :
— *Vous êtes doué ! {Avec un regard d'admiration}*
— *Euh, pardon ?*
— *Oui, vous êtes très doué pour pratiquer l'hypnose, vous allez pouvoir vous en servir toute la vie ! {Futurisation}*

94. ☐ S. (par) échelle analogique cénesthésique

— *Plus la main monte, plus ce sentiment de mal être augmente.*

La cénesthésie, est un sentiment vague que nous avons de notre être ou de notre corps indépendamment du concours des sens. Cela peut être par exemple la fatigue ou le bien-être, ou même un sentiment comme la faim. La création d'un isomorphisme entre le mouvement de la main et l'intensité de ce sentiment cénesthésique permet de se doter d'un levier pour en prendre le contrôle.

Cette suggestion consiste à mettre en place un isomorphisme entre un levier analogique, sorte de question à échelle sans échelle et le sentiment faisant problème.
Le tout posé entre un phénomène observable (par ex la main monte) et un sentiment vague qui procède de la cénesthésie.
Pour la mise en œuvre, il est toujours très efficace d'appliquer la stratégie :
— *Pour redresser quelque chose, il faut d'abord le tordre davantage.*
En commençant paradoxalement par faire grandir le symptôme sur lequel on désire travailler ce qui démontre au sujet qu'il a une action dessus pour finalement le réduire à un niveau acceptable.

— *Et lorsque la main descend, cette sensation désagréable diminue de plus en plus. Qui sait si elle ne va pas complétement disparaitre quand le bras touche la cuisse ?*

95.   □ S. (par) effet d'autorité

On parle ici de l'effet Dr Fox, du nom de cette expérience, réalisée en 1970, qui consiste à faire déclamer par un acteur, présenté comme le Dr Fox, une conférence truffée d'erreurs, d'inexactitudes et de double sens devant un public de spécialistes. L'acteur est présenté comme une sommité et les organisateurs lui ont simplement demandé de jouer l'empathie et d'utiliser l'humour. À l'issue de la conférence, on demande au public de l'évaluer et il obtient des notes très élogieuses. Le résultat de cette expérience milite pour ne pas se formaliser sur le contenu rationnel du discours d'une suggestion pour établir le rapport et faire passer des messages. Elle vient confirmer l'intérêt d'utiliser cet art précis de la parole artistiquement floue cher à Milton Erickson.

— *J'ai enseigné la suggestibilité pendant trois ans à l'ENSI et j'ai arrêté parce que les élèves croyaient vraiment n'importe quoi !*

96.   □ S. (par) effet Zeigarnick

— *Je vais te poser cinq questions et tu n'auras pas à répondre à la première.*

L'effet Zeigarnick[28] en deux mots : *Tant qu'un travail n'est pas fini, il nous trotte dans la tête.*

------

[28] Bluma Zeigarnik, une psychologue russe, a fait sa découverte à la terrasse d'un café, ce qui ne peut que vous la rendre sympathique avant même de savoir l'importance de sa contribution. Elle remarque que les garçons de café se souviennent mieux des commandes en cours que de celles qui ont été servies aux clients. Elle a l'idée d'une expérience et demande alors à des enfants d'accomplir, en une journée, une série de vingt petits travaux (modeler des animaux, enfiler des perles, assembler les pièces d'un

Ainsi prévenir que la question numéro un n'aura pas besoin de trouver une réponse entraine l'inconscient du sujet à y rester branché pendant plusieurs jours alors que les autres questions disparaitront dans l'amnésie journalière des petits faits anodins de la vie courante. Usage dans sa forme abrégée :

—*Je vais te poser deux questions, mais tu n'auras pas à répondre à la première avant la séance suivante {remarquez la suggestion post hypnotique mentionnant une durée}*
Quelle est la couleur du moment où tu vas mieux ?
Peux-tu me faire la monnaie sur 5 euros ?

Cette suggestion déclenche une recherche trans-dérivationnelle sur l'état désiré « *aller mieux* » et lance une introspection qui va focaliser le sujet sur les déclinaisons d'un état confortable pour pouvoir répondre à la question.
On peut exploiter cet effet notamment en pédagogie pour créer des apprentissages inconscients.

97. □ S. (par) énoncé paradoxal

— *Sur le sujet, je suis modérément modéré.*

---

puzzle…). La moitié des activités sont terminées, les autres restent inachevées. Quelque temps après, les participants sont priés d'indiquer toutes les tâches qu'ils avaient eu à exécuter. Il en résulte que celles qui n'avaient pu être conduites à leur terme étaient citées et mémorisées environ deux fois plus souvent que les autres, comme si l'inachèvement d'une activité entreprise créait une tension durable de l'organisme, dont le souvenir ne serait que l'empreinte. En effet, lorsqu'on donne aux sujets la possibilité d'achever leur travail, il se produit chez eux une détente, et il n'y a plus de différence de mémorisation entre les tâches accomplies.
Milton Erickson avait remarqué cet effet Zeigarnik et le citait comme l'un des processus inconscients capable de produire une forte réponse hypnotique.

Pour déclencher une recherche trans-dérivationnelle. JA Male-revicw relève qu'avec un paradoxe, on dit tout et son contraire à la fois. Ce qui est très rassurant pour le thérapeute qui est alors certain d'avoir dit ce qu'il fallait dire, mais sans forcément le savoir.

Pour un candidat à l'examen voici comment, d'un simple paradoxe, suggérer à la fois la valorisation de la surprise, sa démythification et l'intérêt de trouver des solutions pour s'en affranchir :
— *Le jour de l'examen, la surprise c'est quand il n'y a pas de surprise.*
Ou si vous êtes un passionné d'hypnose tentez par le paradoxe de clarifier votre obsession pour ce hobby professionnel.
— *L'hypnose est ce qui rend la vie plus intéressante que l'hypnose.*

98. ☐ S. en faisant comme si

C'est une des bases de la célèbre induction de Dave Elman qui utilise le fameux « to pretend ».
— *Ferme tes paupières très serrées et détends les. Dans quelques instants, tu vas faire comme si tu ne pouvais pas les ouvrir.*
Ou pour coller une main sur la table :
— *Serre le poing très fort et détend le puis pose ta main ouverte sur la table. Au compte de « trois », tu vas faire comme si tu ne pouvais pas décoller la main. Et même si une partie de toi est capable de la décoller, tu fais comme s'il était impossible de la décoller. Un, deux, et trois impossible de la décoller !*

99. ☐ S. (par) évocation d'un phénomène corporel usuel

Prenez un phénomène naturel et prophétisez sa survenue en prenant garde de ne pas vous mettre en situation d'échecs. Pour cela il suffit de ne pas préciser à quel moment cela doit survenir. Par exemple :
— *Tôt ou tard le ventre gargouille.*
Ensuite vous pouvez vous en servir pour associer une autre suggestion.
— *Tôt ou tard le ventre gargouille.* {Éviter la mise en échec} *et le gargouillement traverse les organes qui se détendent.* {Associer une détente interne}.
Il est important de saisir la différence entre évoquer et invoquer. Vous évoquez, c'est une suggestion et la suggestion invoque le phénomène.

100. □ S. (par) félicitations

— *Même le pire de looser mérite des félicitations si elles sont sincères !*

Il est toujours possible de faire une recherche d'exception, d'en trouver une et de se faire détailler par le menu comment le sujet a-t-il fait pour s'en sortir si bien devant l'adversité au moment de l'exception.
— *Vous dormez bien,*
— *Oui comme un bébé au moins huit heures !*
Cela mérite une sincère félicitation ou plutôt une félicitation sincère qui produira toujours phénomène de suggestion et de recadrage.
— *Félicitation, vous êtes donc capable d'arrêter de fumer huit heures toutes les nuits !*
La félicitation va produire une prise de conscience et en même temps une prise d'inconscience saupoudrant des idées pour préparer une éventuelle transe dans cette tonalité. C'est une suggestion très indirecte qui rassure et fait toujours plaisir. Elle fonctionne par auto-recadrage .

101. ☐ S. (par) fonctionnement du cerveau à l'envers ou fiction négative

— *Sur la planète des contraires où il est de bon ton de ne pas garder un travail plus de 6 mois, comment fais-tu pour t'intégrer ?*

Le cerveau est plus performant pour voir ce qui ne va pas et se gargariser des catastrophes à venir plutôt que de visualiser les belles choses en perspective.
— *Peux-tu me donner 5 manières de perdre ton boulot sur cette planète ?*
— *euh... [il les énumère]*
— *Tu es de retour sur terre. Tes amis t'offrent un carnet ou tu vas pouvoir noter 5 manières de garder ton boulot. Je t'écoute...*

102. ☐ S. (par) génération de processus inconscients

— *Combien faut-il d'élèves pour revisser une ampoule ?*
— *Un seul, il suffit que l'ampoule ait envie de réviser !*

L'interruption de pattern cognitif[29] bloque la comprenette, rend l'utilisation d'un nouveau paradigme obligatoire et initie des processus inconscients. En hypnose conversationnelle sans transe ce type de rhétorique hypnotique est souvent utilisé sur des phrases très brèves comportant un double sens indécidable par le conscient.
Exemple de déclenchement d'une recherche trans-dérivationnelle vue sur un panneau d'affichage d'autoroute :
—*Mort de fatigue ? Arrêtez-vous avant !*

---

[29] C'est un mécanisme proche des blagues à retournement de contexte cette forme d'humour particulier :
— *Avec ma femme on a été heureux 25 ans, et ensuite on s'est rencontré.*

Ou bien encore en utilisant une double question :
—Je vais vous poser deux questions, mais vous n'aurez pas à répondre à la première avant la prochaine séance !
— Dans quelle énergie peut se transformer la colère ?
— Voulez-vous un rendez-vous mardi à la même heure ou plutôt à 16h30 ?

103. □ S. (par) histoire ennuyeuse

— L'ennui est une des portes de l'hypnose naturelle
Et en effet une conférence ennuyeuse, un film d'avant-garde pauvre en dialogue avec des plans fixes qui s'étirent sont autant de moyens de rentrer en transe sans s'en apercevoir.

Lorsque vous racontez une histoire qui promet d'être moyennement longue, vous pouvez calibrer assez rapidement des signes de désir de sortir de l'embuscade sur le visage du sujet puis assez vite si vous tenez votre auditoire des signes de transe.

Continuez, vous êtes sur la voie de l'hypnose l'histoire ennuyeuse se charge de dé-potentialiser le conscient et il ne vous reste qu'à glisser votre suggestion quand vous lisez des signes de suggestibilité flagrants.

[Pour Carole qui se désole d'une grosse cicatrice sur la cheville.]
—Pour parler d'autre chose, je suis allé au muséum de Toulouse et j'ai vu quelque chose d'extraordinaire. Il y a des crânes qui datent de la préhistoire... et qui sont trépanés. Des crânes préhistoriques remarquables {créer de l'attention}. Ils ont un trou sur le côté, là [Montrez la tempe {évocation}.] Un gros trou et on voit encore les traces de silex qui ont servi à creuser. Il faudra que je t'emmène les voir. Imagine dans une vitrine {activer l'imagination} Les crânes trépanés. D'abord les conservateurs ont cru que c'étaient des manipulations d'ossements, mais en y regardant de plus près, on voit parfaitement sur certains un bourrelet de belle cicatrisation autour du trou. Les médecins sont formels, cela veut dire que la personne a survécu longtemps à sa trépanation. Qu'est-ce que t'en penses ? La grande question que l'on peut se poser, c'est comment on pouvait

leur faire ce trou. Avec quelle drogue pouvaient-ils supporter ce traitement si douloureux ? Peut-être avec de l'hypnose chamanique ? Et surtout comment le trou se rebouchait ? [Longue histoire parfaitement ennuyeuse.] Le directeur du Muséum me disait qu'on ne saurait jamais parce que c'était la préhistoire mais qu'on était absolument sûr d'une seule chose {argument d'autorité}.
Les cicatrices, c'est les preuves de la vie *{jeu de mot : message à double sens}.*

Vous avez remarqué que cet exemple répète exactement l'exemple donné en [S.45] … C'est ennuyeux comme histoire, mais la répétition est une forme de rhétorique hypnotique.

104. □ S. (sur l') hypnose avec un grand « H »

Le discours sur l'hypnose est hypnotique, c'est la raison pour laquelle parler d'hypnose appelle l'hypnose, mais au-delà de cette récursivité la perception de l'hypnose est souvent fantasmée par ceux qui n'ont jamais été hypnotisée. Ils se posent généralement la question :
— *Je ne sais pas si je suis hypnotisable...*
Et sont donc en demande de confirmation que l'on a intérêt à leur servir sous forme de suggestions aidantes :
— *Depuis que nous parlons, j'ai vu à différents signes que je suis habitué à déceler que vous êtes très sensible à l'hypnose. {Discours d'autorité]*
Ou dès que le moindre phénomène mérite d'être ratifié :
—*Le rythme cardiaque diminue comme un excellent sujet hypnotique.*
Les autres, ceux qui ont déjà vécu un état hypnotique, sont sensible au souvenir :
—*Vous pouvez revenir à cet état très agréable d'hypnose que vous décrivez.*
Ils sont néanmoins susceptibles de faire leur lit d'autre suggestions sur l'hypnose venant enrichir leur souvenir :

—*Il y a de nombreux états d'hypnose générant des expériences de transe toutes plus agréables les unes que les autres. {Avec fusible de bonne séance}.*

Ou encore :

— *Il n'y a pas de limite, la limite de l'hypnose c'est quand tu coupes un bras, il ne repousse pas... mais tu peux encore imaginer t'en servir à nouveau.*

Bref pour suggérer :

Parlez-moi d'hypnose,
Redites-moi des choses drôles
Votre beau discours ;
Mon cerveau n'est pas las de l'entendre
Pourvu que toujours
Vous répétiez ces mots suprêmes
C'est la transe

105. □ S. (par) homme de paille

Avant de fasciner[30] par le regard un sujet qui est là debout devant vous, vous glissez subtilement à une autre personne qui est présente :

— *Tenez-vous prêt à le rattraper quand il tombe.*

Félicitation, vous avez utilisé une même phrase pour plusieurs destinataires :

- o Votre assistant qui va gérer la sécurité de la chute,
- o L'inconscient du sujet toujours à l'écoute même si apparemment on ne lui parlait pas, et qui accepte la

---

[30] Dans le cas où vous choisissez d'utiliser l'hypnose par le regard magnétique pratiqué par Marco Paret.

suggestion.

La mise en transe est soudaine et le corps tombe lourdement conformément à la prophétie auto-réalisante.

C'est typiquement l'utilisation de la suggestion par « homme de paille »

106. ☐ S. (par) histoire naturaliste

Une histoire naturaliste appartient au patrimoine de culture matérielle que vous partagez avec le sujet et comme par hasard elle exprime aussi ce qui vous arrange selon la stratégie que vous suivez en hypnose.
Par exemple avant de suggérer une analgésie voire une anesthésie :

— *Tout le monde se souvient d'avoir fait un bonhomme de neige sans gants et comme les doigts sont trop gourds {un peu de confusion}. Après avoir joué longtemps avec la neige et placé la traditionnelle carotte pour faire le nez du bonhomme, vous rentrez chez vous et vous ne sentez plus vos mains, le sang a quitté vos extrémités et vos mains sont froides et absolument insensibles.*

Soyez curieux et observateur, vous en connaissez des milliers que vous avez déjà vécues. C'est un réservoir extrêmement riche de suggestions pour mener vos pré-inductions.

— *Je me souviens d'un château de sable en Espagne...*

107. ☐ S. inter contextuelle

Tout simplement raconter ce que vous voulez suggérer dans un autre contexte.
— *Ce matin, j'ai vu un rayon de soleil qui rebondissait sur la tartine de miel, il parait que cet état très agréable de la tartine cela ne peut*

s'observer que dans de rares occasions seulement si la tartine se dit « je suis complétement détendue ».
Ou bien à partir des exceptions que découvre le sujet :
— *Y a-t-il un moment ou vous ne procrastinez pas ?*
— *Oui quand je joue au jeu vidéo*
— *Et pour gagner comme vous gagnez, il doit falloir être très réactif ! Vous avez donc cette compétence....*

108. ☐ S. (par) implication

L'implication est un présupposé très fort qui ne laisse pas d'autre choix que de répondre dans le contexte. Utilisé pour produire indirectement une hallucination auditive.

— *Quand vous réalisez que vous remarquez les bruits de la nature comme le vent dans les branches et le chant des oiseaux hochez* simplement la tête ? *{Provoquer une hallucination auditive}*

Autre exemple : Utilisé en verbal + non verbal pour produire indirectement une hallucination visuelle et kinesthésique.
— [En mimant le geste de soulever un chaton et de le déposer sur les genoux du sujet] — *C'est un male ou une femelle ? {Provoquer une hallucination}*

Ou encore pour approfondir une transe : —*Ce bouquet, de quelles couleurs sont-elles ? {Le sujet ne peut répondre que s'il a évoqué ou même halluciné un bouquet}*

109. ☐ S. (par) imagerie symbolique et métaphorique

Demander au sujet d'imaginer sa douleur et de la décrire sous forme d'imagerie mentale, il a ensuite un levier à vous proposer pour agir dessus.
— *Comment vois-tu ta douleur ?*
— *Elle est comme un étau*
— *De quelle couleur ?*
— *Et si tu commences à desserrer l'étau d'un seul tour de vis*

— *Et puis de plusieurs tours....*
Toute utilisation d'un portrait chinois fera le même effet :

— *Si c'était un fruit, un animal, un lieu, etc... ?*

110. ☐ S. (par) isomorphisme

— *Plus la main monte, plus tu respires lentement.*

La création d'un isomorphisme entre le mouvement de la main et la vitesse de respiration aide à la suggestion de ralentir la respiration qui est un paramètre biologique.

C'est encore plus appréciable lorsque l'isomorphisme est posé entre un phénomène observable (la main monte) et le processus mental interne idéo corporel (se détendre) à priori non observable facilement :

— *Plus la main monte, plus tu te détends.*
En variant les parties de l'isomorphisme, on peut distribuer de très nombreux cahiers des charges à l'inconscient.

111. ☐ S. (par) incorporation des bruits ambiants

Ce sujet demande l'aide de l'hypnose mais craint que cela ne marche pas. Comble de malchance, il y a des bruits de la rue parce qu'il y a des travaux sous la fenêtre.

— *Parfois les clients me racontent qu'ils n'entendent que le rythme des sons de la rue. Et qu'ils n'entendent pas le bruit des travaux comme le bourdonnement d'un climatiseur qu'on entend seulement quand il s'arrête. Je me demande à quel moment pouvez-vous écouter dans le bruit des travaux simplement cette voix que vous avez envie d'écouter pour aller en transe ? Et quand les yeux se ferment, les oreilles s'ouvrent vers l'intérieur.*

112. ☐ (par) invocation des apprentissages de base

Par exemple, pour suggérer une anesthésie en invoquant les compétences d'anesthésie que tout un chacun possède :

— *Est-ce que vous considérez que vous avez beaucoup appris dans votre vie ?* {Créer de l'attention}

— *Vous savez, Carole, vous ne savez pas tout ce que vous savez ! La vie est un apprentissage et vous finissez par oublier tout ce que vous ne savez pas que vous savez {confusion}.*

— *Pensez un moment l'immense étendue des apprentissages que vous avez acquis au cours de votre expérience de vie pour développer des anesthésies. Par exemple, alors que vous êtes assise à m'écouter, vous avez oublié vos chaussures sur vos pieds et maintenant, vous pouvez les percevoir. Vous avez oublié vos lunettes sur votre nez et maintenant, vous pouvez les percevoir. Vous écoutez une conférence passionnante et drôle et vous avez oublié la dureté de la chaise. Nous avons tous une immense expérience pour développer une anesthésie dans une partie de notre corps. Comment avez-vous fait pour cette anesthésie pour les chaussures sur le pied, il n'y a pas de pommade sur le pied, ce n'est pas parce qu'on vous a dit de développer une anesthésie, mais c'est parce qu'au cours de vos apprentissages, tout au long de votre vie, vous avez développé l'aptitude automatique de couper les sensations pour les rétablir ensuite. Je vais vous poser une question, mais vous n'aurez pas à répondre avant la semaine prochaine. Comment utiliser la chaussure que vous ne sentez pas ou bien une chaussure qui ne sent pas* {confusion}

Pour celui qui est observateur, de très nombreuses compétences sont toujours à disposition du sujet, il suffit de les lui rappeler par des histoires naturalistes pour évoquer ces pouvoirs.

113. ☐ S. (par le) jeu

Passer des suggestions sur la manière de mémoriser peut se faire directement ou bien en organisant un jeu qui se chargera de les distiller. Les jeux sont d'ailleurs utilisés en pédagogie parce qu'ils permettent d'écarter le facteur critique avant de passer les suggestions d'apprentissage inconscient.

Proposez par exemple un jeu de mémorisation avec :
• un balai ;
• le texte d'un poème
L'exercice est simple : le poème dans la main gauche poser
Le balai sur le bout de l'index de la main.
Récitez en tenant le balai en équilibre, si le balai tombe, recommencer au début ! Lorsque vous avez récité le poème une fois sans faute l'exercice est terminé.

Ce jeu un peu farfelu qui crée la surprise a certainement abaissé le facteur critique, mais il a aussi suggéré les trois points clés d'un apprentissage efficace :
1. Associer l'apprentissage à un plaisir.
2. Accepter l'alternance de différents niveaux de défi ni trop gros, qui amènent le découragement, ni trop petit qui favorisent le lâcher prise.
3. Accepter une petite part de frustration à chaque chute du balai.
Une fois passées ces suggestions ; il est possible d'en proposer la déclinaison dans un autre contexte :
— *Et je ne sais pas comment ton inconscient peut utiliser cet apprentissage dans tes études ?*

114. ☐ S. (par) jeu de mot à double sens

Pour déclencher une recherche trans-dérivationnelle un jeu de mot est parfois amplement suffisant. Selon le jeu de mot, ce qui change c'est le dosage de double sens (trope), de paradoxal, de surprise etc...

— *En hypnothérapie, le sujet c'est le roi.*

Et ce qui compte c'est le résultat que vous calibrez.

— *De toutes façons l'hypnose n'est qu'un iota de conscience modifié !*

115. ☐ S. (par) Koan

— *Trente rayons convergent au moyeu, mais c'est le vide central qui fait tourner la roue.*

Les Koans sont de petites histoires absurdes, énigmatiques, ou paradoxales qui demandent d'abandonner la logique ordinaire pour en tirer une part de cheminement vers le satori. Dans l'exemple suivant on comprend qu'il faut quitter la rationalité pour en tirer un enseignement supérieur :

Dans un monastère bouddhiste un maître médite entouré de quelques disciples. Soudain un novice entre en courant dans le dojo et s'exclame en pointant du doigt le potager :

— *Maître, maître il a tué une limace et il n'a pas le droit parce que toute vie est sacrée !* — Le maître le regarde et dit : — *Tu as raison !* L'intéressé qui vient de rentrer dans le dojo se défend : — *Maître c'était notre dernière salade, si je n'avais rien fait nous n'aurions plus rien à manger !* Et là encore le maître répond : — *Tu as raison !* Un disciple qui méditait vient d'assister à la scène et ne peut s'empêcher d'intervenir : — *Mais maître, ils disent le contraire l'un de l'autre et vous leur dites à chacun qu'ils ont raison !* Le maître réfléchit un moment le regarde en face et dit : — *Tu as raison !*

Le pouvoir de suggestion du Koan tient notamment au déclenchement d'une recherche trans-dérivationnelle.

116. □ S. (par) lapsus volontaire

Lorsque vous entendez parler un bègue vous avez envie de l'aider et de terminer ses phrases. Plus il peine à trouver ses mots et plus vous les avez qui remontent le long de votre pensée intérieure. Parfois vous pouvez même vous surprendre à esquisser leur prononciation du bout de lèvres.

Sachez que le lapsus volontaire est un levier de suggestion. Voyez l'exemple de ce formateur qui souhaite attirer votre attention sur le document qu'il vous remet :

— *Soyez très attentif au super de cours.*

Je veux dire le super de formation, enfin le document qui sert de super ... [en s'excusant maladroitement] Enfin vous verrez en le lisant. La semaine dernière les stagiaires étaient ravis et m'ont dit que c'est un support super de cours !

117. □ S. masquée par un énoncé choquant

Un exemple dans le monde médical, chez la dermatologue.

A ce patient qui se plaint d'une tâche ou sa barbe ne pousse plus.

— *Ah, c'est assez commun, mais ce n'est pas grave.*

Je connais bien ce que vous avez, j'ai fait ma thèse dessus, cela s'appelle l'alopécie... au moyen âge on disait la pelade, c'est une maladie auto-immune avec les globules blancs qui attaquent les racines des poils et cela disparaît spontanément entre 2 et 60 mois. Je vous donne une pommade, mais elle ne sert à rien. C'est pour le confort {paradoxe}.

Pendant que le client choqué par la durée annoncée, calcule combien d'année représentent 60 mois, la suggestion « *cela disparait spontanément* » proposée par la dermatologue est passée.

118. ☐ S. mobilisatrice ouverte

Vous prédisez quelque chose qui n'est absolument pas défini mais qui va arriver. Proposez un cadre flou, intangible et de ce fait mobilisateur.
—*Votre inconscient va mettre en place ... ce qui est nécessaire...*

Et ensuite vous observez bien pour ratifier quoique ce soit qui semble se produire. La prophétie autoréalisatrice a fonctionné !
— *En faisant cette expérience, ils se passe quelque chose et vous pouvez à un certain niveau en tirer un enseignement ou autre chose.*

119. ☐ S. (par) mon ami John

En l'honneur de Milton Erickson cette technique s'appelle « mon ami John » mais elle peut fonctionner avec le nom de votre ami imaginaire que vous souhaitez utiliser.

— *Je t'ai parlé de l'histoire de mon ami Omar ?*

Il s'agit d'utiliser cet homme de paille imaginaire ou réel pour abaisser les défenses, contourner le facteur critique[31] ou dé-potentialiser le conscient afin de laisser le passage à la voie de la suggestion.
— *Mon ami Omar a acheté une superbe voiture de sport mais ensuite il n'avait plus assez d'argent pour payer l'assurance obligatoire. {Il vaut mieux planifier les dépenses}*

---

[31] En hypnose Elmanienne

120. □ S. (par) multiplication des négations

La double négation est difficile à comprendre et cela lui confère une puissance par la confusion. La triple négation qui sature automatiquement l'examinateur de rationalité (ou le facteur critique) est un relais automatique pour court-circuiter le conscient et s'adresser directement à l'inconscient.

— *Vous ne pouvez pas ne pas réussir, n'est-ce pas ?*

— *Souvent, nous ne savons pas tout ce que nous ne savons pas que nous savons !*

— *Comme son nom ne l'indique pas, la micro-sieste n'est pas du sommeil !*

121. □ S. négative paradoxale

Une intention paradoxale de nier l'effet souhaité. L'inconscient qui est très malin s'en aperçoit et vous arrivez à vos fins alors que le conscient n'y a vu que du feu.

— *Mort de fatigue... arrêtez-vous avant !*

— *Et je ne sais pas calmement... le bras choisit pour monter !*

— *Surtout résiste et ne laisse pas le bras monter !*

122. ☐ S. (par) neurone miroir

— *Rendez l'échelle de mesure tangible en la tatouant sur votre bras !*

Proposez une échelle de Shazer[32] tatoué sur le bras, puis indiquez que cela n'est pas absolument nécessaire de la tatouer :

— *Même si certains sportifs se la font tatouer, il vous suffit de l'imaginer pour vous en servir.*

Vous montrez la progression en l'expliquant sur votre propre bras :

— *Regardez, il suffit de se remonter les manches et pour mesurer votre stress. Le creux du coude, c'est 10 juste avant que le cœur explose et le poignet c'est 0 lorsque vous êtes sur la plage et que vous ne savez même pas à quelle heure on prend l'apéro.*

Vous mimez et les neurones miroir font le reste de la suggestion.

C'est comme pour expliquer à quoi sert un outil inconnu, lorsque vous mimez son usage en l'air. De même votre manière de vous vêtir, votre posture, votre manière de tenir la porte etc. sont des suggestions actionnant les neurones miroir.

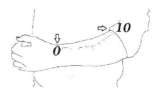

123. ☐ S. (par) négation

Un grand classique de l'hypnose ericksonienne.

---

[32] La question à échelle a été proposée par Steve de Sahzer. Elle permet d'objectiver les plaintes du client pour ensuite pouvoir ensuite y intervenir tangiblement.

Pour préparer une lévitation : — *Surtout ne pensez pas à la différence de température entre le dos et la paume de la main.* {Production d'une focalisation de l'attention}

— *Ne lisez pas attentivement ce riche catalogue de suggestions.*

— *Ne pensez pas que vous ne pensez pas **entrer en transe.***

124. ☐ S. non verbale de progression

Notre vie quotidienne est parsemée de gestes qui sont autant de mots du langage inconscient ajoutés à nos propos :
- o Montrer un fauteuil
- o Hocher la tête
- o Prendre une posture de commandeur
- o Etc.

Pour suggérer par un cocktail de verbal et de postural, essayez donc cette gestuelle de la main.

— *Qu'est-ce que c'est ça ?*

Laissez le sujet chercher quelques minutes pour favoriser l'introspection. Si la réponse tarde, vous pouvez répondre par la même gestuelle énigmatique et la phrase :

– *C'est Jeudi ; je dis que c'est Jeudi* {confusion} ! Pourquoi ?

– *Eh bien parce que* [en mimant la série de dessins ci-dessous], *lundi, mardi, mercredi, et alors je dis jeudi* {confusion}.

Qu'est ce
que c'est
ça ?

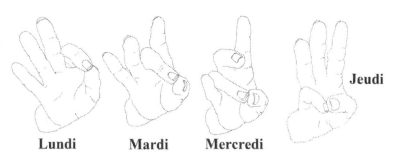

Vous ajoutez cette curieuse danse posturale de vos doigts pendant que vous prononcez « lundi, mardi, mercredi, jeudi ».

Voilà, comme le faisait Milton Erickson, simplement avec cette blagounette un peu bizarre, vous venez de suggérer la progression inéluctable.

125. ☐ S. (par la) numérologie

La numérologie c'est tenir compte du pouvoir des chiffres et des archétypes attachés aux nombres. En fonction des études que nous avons faites, nous savons quasiment tous compter et les nombres sont que nous le voulions ou non attachés à des symboliques.

Le chiffre « 1 » est l'unicité, « 2 » le début du pluriel et « 3 » la fin du dilemme. La sortie de la logique du tiers exclu pour Milton Erickson qui raccompagnait sa cliente à la sortie en disant :

— Finalement, vous avez trois solutions, la première c'est quitter votre mari, la seconde c'est rester avec lui et la troisième ... euh excusez-moi c'est mon téléphone qui sonne, on verra la semaine prochaine.

De même avec notre perception des pourcentages, par exemple pour négocier une amélioration de 1% du symptôme seulement en indiquant que cela ne changerait pas grand-chose sur le symptôme. — *Pour vos acouphènes, si ce bruit désagréable baissait de 1% d'intensité, vous ne pourriez pas vous en apercevoir !*

Puis proposez de monter graduellement de 1% pourcent en 1% pourcent vers 80%.

— 2% ce serait pareil et 3% vous ne verriez pas de différence ! Affirmez que cela ne pourra pas disparaitre complément : *— Pas plus de 80% 81% si vous êtes doué pour l'hypnose personnelle !* *{Présuppose que cela va disparaitre partiellement}*

126. □ S. (par) observation de la transe

Proposez au sujet d'être le témoin de votre transe. Mettez les mains sur vos cuisses et demandez au sujet de fixer une de vos mains. Demandez-lui d'être un observateur attentif :
— Fixez une de mes mains et observez attentivement, mais avant mettez-vous dans la même position pour pouvoir mieux comprendre ce que je vais faire.
[Il s'exécute]
Entrez en transe en vous demandant in petto :
— Je ne sais pas quelle main va se lever en premier ....
Le sujet observe votre main saisie de mouvement erratiques, attendez sa rentrée en transe, puis reprenez la main avec le discours en accompagnant sa lévitation par un train de suggestions.
— Je ne sais pas si la main touche la tête ou la tête touche la main en premier !

127. ☐ S. (par) œuvre d'art

L'annonciation de messine[33] , un des tableaux les plus célèbre de Sicile date du XV mais est d'une modernité incroyable. L'archange Gabriel porteur du message et du lys n'est pas représenté sur le tableau. C'est pour laisser le spectateur l'halluciner dans le regard de la vierge. Celle-ci semble écouter le message et le connaitre déjà. Il se produit une lévitation spontanée de la main droite, sa main gauche tenant le vêtement bleu recouvrant la robe rouge à peine visible. Car le bleu du divin est au-dessus du rouge du charnel.

Si vous affichez cette reproduction dans votre salle d'attente, vous suggérez une lévitation sans que personne n'en ait conscience.

Si vous avez la chance de pouvoir faire de l'hypnose dans un musée, pourquoi ne pas utiliser un tableau préféré du sujet comme suggestion. Le décrire suffit à poser le cadre de la transe et si c'est une scène avec un décor et plusieurs personnages, proposer d'entrer dans le tableau est une suggestion inductive intéressante.
Votre sujet est déjà dans le musée, comment le faire entrer dans un tableau ou une photographie ? Produisez une transe de contemplation :
— *Pouvez-vous regarder un point de ce tableau et le fixer ?*
— *Remarquez comme ce point commence à vibrer maintenant ou dans un moment et comment en fixant ce point vous voyez quand même tous les détails du tableau.*
Annoncez la prophétie auto-réalisante :

---

[33] Dessin d'après tableau d'Antonello de Messine . Un des chefs-d'œuvre du peintre réalisé vers 1470. Le tableau de petit format (45 × 34,5 cm) constitue l'un des trésors de la Galleria Regionale della Sicilia à Palerme.

— Dans un moment mais pas tout de suite ; il va se passer quelque chose d'extraordinaire. Dans un moment quand vous serez prête, vous allez avancer la jambe gauche ou le genou droit mais pas les deux à la fois {confusion} et au moment où vous avancez d'un pas, vous entrez dans le tableau. C'est agréable, n'est-ce pas ? Je vous laisse quelques minutes pour faire connaissance avec les personnages et discuter comme bon vous semble.

128. ☐ S. (par) onomatopées

Tous les onomatopées et les bruitages que nous avons appris culturellement dans notre consommation de dessins animés, et même du cinéma sont utilisables. Par exemple les approfondissements de la transe peuvent être accompagnés par des :
— Fuiittttttt ou bien des
— Zuzzzzzz ou encore
— Vouhhhhh
Dont la longueur est adaptable en temps réel par le paraverbal de l'apprenti hypno-bruiteur.
Au-delà de l'accompagnement lors de stratégies d'induction ces suggestions puissantes et puisées dans les archétypes sont suffisantes pour approfondir un état de transe.

129. ☐ S. (par) orientation sur des processus associatifs

Lorsque le thérapeute parle de sa propre mère cela fait évoquer au sujet sa mère comme processus associatif. Mais comme le sujet n'a pas été questionné sur sa mère, les éventuelles défenses psychologiques n'ont pas été activées. C'est le principe de l'homme de paille, et de cette famille de suggestions par l'évocation. A noter que c'est particulièrement sensible lorsque l'on s'adresse à un groupe, qui se comporte alors comme une personne morale, un super homme de paille par qui l'on peut passer toutes les suggestions les plus diverses vers une personne en particulier.

Dans le contexte des formations à l'hypnose, parler au groupe est légitime pour la pédagogie tout en étant redoutable pour cibler le volontaire qui accepte de se laisser hypnotiser. Alors que vous parlez en général pour expliquer au groupe la lévitation, les hallucinations, et divers phénomènes hypnotiques, le sujet développe automatiquement un processus de réponses idéomotrices et idéo sensorielles qu'il vous reste à observer pour savoir quelle induction vous allez lui proposer en premier.

— *Ce matin vous avez mis vos lunettes et depuis vous ne les voyez pas. Elles sont devant votre nez, mais si vos yeux les voient, votre cerveau les gomme de la réalité et c'est une hallucination négative.*
[Calibrer le sujet dans son rapport avec ses lunettes]

— *Cela vous arrive parfois d'avoir des fourmis dans les jambes et de ne plus pouvoir bouger la jambe parce que vous êtes resté immobile trop longtemps.*
[Calibrer le souvenir de catalepsie]

130. □ S. (par) pantomime

—*Tourne bouchon et tire-bouchon*

Lorsque vous connaissez l'usage d'un outil et que vous voulez l'expliquer à un néophyte, il vous arrive naturellement de le brandir et de faire le geste de s'en servir. Si vous n'avez pas l'outil sous la main

c'est la même chose et vous ferez probablement une

pantomime. Prenons l'exemple d'un tire-bouchon de farce et attrape qui est un tire-bouchon qui tourne dans le sens inverse de l'ordinaire. Vous voulez expliquer cet objet et naturellement vous allez utiliser une suggestion par neurones miroir en faisant le geste de déboucher une bouteille dans le sens inverse.

131. □ S. (par) phénomène idéomoteur kinesthésique

— *Dans cette main le problème, dans l'autre les solutions dès demain.* {Confusion}

L'effet idéomoteur est un phénomène psychologique où un sujet exécute des mouvements musculaires inconscients. Par exemple, on lui suggère le rapprochement des mains et ce rapprochement se réalise inconsciemment. Pour ce type de suggestion, il suffit de suggérer au sujet la réalisation d'un recadrage inconscient ou d'une résolution inconsciente de son problème au moment où les mains se touchent.

— *Je te propose de visualiser le problème dans cette main qui se rapproche et dans l'autre main les solutions que ton inconscient peut trouver. Et au moment où les mains se touchent ces deux parties peuvent se mettre d'accord pour appliquer les trois meilleures solutions.*

La prophétie auto-réalisante de la rencontre des mains annonce et suggère la discussion des parties ainsi que la découverte des solutions et leur mise en œuvre.

132. □ S. (par) pause

— *Pendant que l'on ne dit rien le client pense à tout.*

Erickson parle de la vertu de la « pause avec une attitude d'attente du thérapeute ». S'il n'est pas si facile de ne rien faire, on constate à l'usage rapidement que cela fonctionne très bien. Cette réplique courte peut contenir de grandes avancées pour le sujet. Il n'est pas inutile de rappeler qu'il convient, en relation d'aide, de lui faire de la place, toute sa place...bien que la place.

— *Et...*

133. □ S. (par) para-verbale

Il y a une infinité de suggestions utilisant le paraverbal.

o La hauteur de la voix pour accompagner une lévitation par exemple : — plus *haut*, plus haut, **plus haut**

o Prendre différentes postures de locuteur-émetteur pour parler vers un côté ou d'un autre.

o Dire les mêmes mots mais dans un volume plus fort pour donner la suggestion :

o — la main se lève, la main se lève, la main se lève !

o Prendre un accent (méridional, belge etc...)

o Déclamer le texte sur une mélodie enfantine...

134. □ S. (par) pensée latérale

Pour expliquer la pensée latérale pourquoi ne pas raconter l'histoire de ce roi de France.

— *Un jour Henri IV est entré dans Nérac dans le Lot et Garonne. Furieux parce que les notables n'avaient pas fait tirer le canon comme le protocole L'exige quand un roi de France entre dans une ville, il fait venir le responsable qui était à l'époque le baillé et lui dit fort courroucé :*

Henri IV — *Vous eussiez pu faire tirer le canon !*

Le baillé — *Sire nous avions dix-sept raisons de ne point faire tirer le canon !*

Henri IV [très en colère] — *J'aimerais bien les connaître !*

Le baillé — *Eh bien Sire, la première raison, c'est que nous n'avions point de canons...*

A ce moment de l'histoire le client a un parfois un rire forcé, une baisse du facteur critique, on peut ensuite expliquer la richesse de la pensée latérale en donnant l'exemple d'un exercice simple qui convient le matin dans les embouteillages pour enrichir la pensée latérale — *Se demander 8 manières de ne pas renverser le café en conduisant.*

Ensuite suggérer la pensée latérale c'est par exemple suggérer de faire un « tant mieux tant pis » devant une difficulté comme un changement de poste.

— Je me suis fait licencier :
Tant pis : je perds un poste ou j'avais les habitudes
Tant mieux : je vais pouvoir en trouver un mieux payé
Etc...

La méthode « Tant mieux, tant pis » est une suggestion qui peut devenir une compétence de base devant l'adversité. Elle gagne à être suggérée par une suggestion post-hypnotique pour devenir une ressource du sujet.

135. ☐ S. (par) phrase laissée en suspens

— et derrière la porte il y a, quand vous l'ouvrez ......
La phrase a créé une attente que le sujet va combler seul. Dans ce type de suggestion, vous ne maitrisez pas la nature de ce que va s'autosuggérer le sujet, cependant vous pouvez lui faire confiance et calibrer ensuite le résultat ou bien simplement lui demander de raconter son expérience subjective pour l'objectiver.
C'est une suggestion respectueuse qui donne le pouvoir sans le prendre se contentant d'initier un processus d'auto-suggestion. Dans le même registre vous ne risquez rien de suggérer la survenue d'une émotion agréable.

— Et a un moment va venir une émotion agréable, et derrière cette émotion, il y a .... C'est toujours plus agréable et comme si....

136. □ S. (sur le) processus de relation d'aide

On dit parfois que le thérapeute se doit d'être en position basse sur le contenu mais en position haute sur le processus. Les suggestions sur le processus fonctionnent par la position d'autorité. En effet le sujet n'a pas en principe l'habitude de vivre en relation d'aide. Cet exemple est inspiré de la thérapie à séance unique décrite par Moshe Talmon[34] par rapport aux pratiques de Milton Erickson, Cette stratégie représente la quintessence de la prophétie autoréalisatrice à savoir, annoncer :

— Il n'y aura qu'une seule séance !

Ce qui est extrêmement mobilisateur et propice à enclencher les ressources du changement sans attendre. Ici la stratégie est annoncée ce qui étoffe la puissance de la suggestion. Et si cela doit changer alors, que cela change dans la séance.

Toute autre intervention sur la fréquence, le nombre, le lieu, la durée etc... des séances est du même métal et constitue à chaque fois une suggestion particulière :

— Je pars au Japon dans 15 jours et donc nous ne pouvons avoir que deux séances. Est-ce que cela vous convient ?

— Et si nous faisions la séance en marchant ?

— Ne fixons pas de séances avant que vous n'ayez un premier résultat.

---

[34] Talmon, Moshe. Single-session therapy : maximizing the effect of the first (and often only) therapeutic encounter. 1st ed. The Jossey-Bass social and behavioral science series. San Francisco : Jossey-Bass, 1990.

137. ☐ S. p. progression piégeuse

Le caractère déstabilisant d'une progression piégeuse est intéressant pour contourner le facteur critique. Vous connaissez sans doute, cette histoire entendue dans la cour de récréation :

— *La maman de Toto a trois enfants qui s'appellent : Pim, Pam, et... ?*

Si vous avez répondu « Toto » la progression piégeuse ne fonctionne pas sur vous, mais la plupart des clients répondent « Poum ». Par exemple, pour un client qui vient de subir un échec récent qui l'obsède :

— *Au fait qu'en penseras-tu dans six jours, dans six mois et dans soixante ans ?*

— *Euh... probablement rien, je serais mort !*

138. ☐ S. (de) progression vers le futur

Pour aller vers le changement suggérer, la progression qu'elle que soit son type est une bonne idée. Et de toutes les progressions la géométrique est celle qui avance le plus vite. On peut l'approcher et la mettre en scène par une anecdote sur l'inventeur du jeu d'échecs ou bien avec cette étrange question que posait parfois Milton Erickson :

— *Préférez-vous que je vous donne un centime d'euro sur un compte qui va doubler la somme tous les jours pendant un mois, ou 50 000 euros cash ?*

— *Les 50 000 cash !*

— *C'est vrai qu'avec un centime, au bout d'une semaine, vous aurez juste de quoi vous payer un café. Mais si vous patientez deux semaines, il y aura environ 80 euros, et après trois semaines plus de 10 000 euros. La plupart de gens qui ont fait votre choix sont choqués d'apprendre qu'à la fin du mois la barre des 5 millions d'euros sera largement dépassée !*

La progression géométrique véhicule l'idée que de toutes petites étapes très simples peuvent en fin de compte construire insidieusement de très grandes avancées. C'est une suggestion aidante pour la mise en place de la prophétie auto-réalisante allant vers la construction d'un grand changement.

139. ☐ S. (par) prophétie auto-réalisatrice

Sur un sujet calme cette suggestion concernant des modifications du corps invérifiables que vous ratifiez est un lieu commun. Elle ouvre une séquence d'acceptation qui permet de suggérer : — *Vous êtes un excellent sujet hypnotique.*
—*Le rythme de votre respiration, de votre pouls et votre pression sanguine a changé et sans le savoir, vous présentez l'immobilité d'un très bon sujet hypnotique...*

140. ☐ S. (par) présupposé

— *Avez-vous déjà été hypnotisé officiellement ?* {Cela présuppose que cela ne va pas tarder et que ce sera sérieux.}
Le présupposé est construit de telle sorte que ce qui est absent doit être présumé pour que la phrase soit comprise. Ceci est une des formes de suggestion parmi les plus subtiles.
— *Tôt ou tard, vous remarquerez toutes les choses que vous avez apprises dans cette séance.*

Parmi les suggestions indirectes, le présupposé est une classe entière de suggestions très intéressantes car il n'est quasiment pas détectable. Il profère une nouvelle réalité en produisant souvent un recadrage immédiat comme dans cet exemple en publicité.
— *De quel aspirateur avez-vous besoin ?*

Apprenez à construire vos suggestions par présupposé :
A partir de la question que vous aimeriez poser, par
Exemple : — *Allez-vous changer ?*

Constatez qu'elle est dangereuse à poser en forme active car le client pourrait parfaitement répondre « non » ou « je ne sais pas ». Transformez-la en affirmation et greffez dessus une question accessoire dont la réponse que pourra faire le client est finalement sans importance.

— *Entre les deux séances et au moment où vous changez ce comportement, serez-vous plus sensible au regard des autres ou à la sensation intérieure de que vous en tirerez ?*

Quel que soit la réponse, vous avez suggéré à l'inconscient du client que le changement aurait lieu entre les deux séances.

141. ☐ S. (par) question tags

Ce sont des questions interro-négatives de confirmation. Ce peut être par exemple :

— *Vous commencez à vous détendre un peu plus, n'est-ce pas ?*

Mais aussi être des schémas plus directifs comme :

— *Vous pouvez vous mettre plus à l'aise, ne croyez-vous pas ?*

Ceci permet de renforcer l'adhésion de la personne et participe au mouvement de félicitions :

Cela peut simplement être un de vos TIC de langage :

— *N'est-ce pas ?*

142. ☐ S. (par) questionnement inductif

— *Est ce que vous savez comment, il vous vient une idée nouvelle ?*

La structure d'une question inductive est la suivante :

[Est ce que vous savez comment ?] + [il vous vient une idée nouvelle ?]

Le questionnement inductif accapare le conscient avec des questions d'une forme particulière qui contiennent des suggestions dans la seconde partie de la phrase. Une première partie pose une question au niveau conscient {c} et déclenche une introspection alors que la deuxième partie de la question profite de cette introspection qui abaisse le facteur critique pour faire passer une suggestion à l'attention de l'inconscient du sujet {i}.

Question inductive = [début de question{c}] + [suggestion {i}]

Ce mécanisme simple permet, en improvisant un interrogatoire anodin, de générer un flux de suggestions vers l'inconscient après avoir abaissé le facteur critique.

Pour amplifier cette technique :

1. Saupoudrez à l'aide de votre prononciation qui isole la deuxième partie de la phrase comme une suggestion indépendante. Ainsi vous direz « *Est ce que vous savez comment ?* » sur un ton interrogatif puis après une pause « *Il vous vient une idée nouvelle* » sur le ton d'énoncer un fait.

2. Indiquer au sujet que ses réponses ne sont pas obligatoires.

Ceux qui ont déjà pratiqué le questionnement inductif savent que ce feu roulant de questions, dont la teneur des réponses du sujet importe peu, conduit doucement à la transe et constitue une induction à part entière. Car une fois que le sujet a accepté de jouer le jeu de collaborer à cet interrogatoire particulier, il est pris par les suggestions que vous amenez progressivement vers la transe.

— *Est-ce que vous savez à quel moment ? ... Vous entrez en transe profondément.*

143. ☐ S. (par) questionnement de la capacité du sujet

Questionner la capacité du sujet c'est provoquer automatiquement une introspection et en même temps contourner le facteur critique car peu de gens sont capables de dire que cela leur est égal lorsqu'ils sont mis en cause sur leur capacité. Par exemple, pour susciter une lévitation :

— *Je me demande dans quelle main et à partir de quel moment allez-vous percevoir une différence ?*

144. □ S. (par) questionnement sur une expérience de pensée

— *Sur la planète des contraires.*

[Charlène se fait coacher pour trouver plus rapidement un nouveau travail].

— *Vous auriez peut-être plus de résultats sur une autre planète. Vous savez, il paraît qu'il y a des millions de planètes différentes... Imaginez ! Vous venez d'atterrir sur la planète des contraires. Sur cette planète, il est de bon ton de ne pas trouver du travail. Tous vos amis applaudissent si vous restez sur la touche plus d'un an. Et dans ce cadre onirique nous allons demander à votre cerveau de tourner en sens inverse.*

— *Pouvez-vous me citer cinq actions que vous allez faire pour ne pas trouver du travail avant un an ?*

— *Eh bien ... [Écouter les réponses.]*

— *Maintenant vous faites le voyage de retour, vous êtes rentré sur Terre et le voyage a été assez long. Depuis votre départ, cela a bien changé. Il n'y a plus que des écrans numériques. Le papier est si rare qu'on ne le trouve que dans les musées. Tous vos amis qui savent combien c'est important pour vous de trouver du boulot se sont cotisés et vous offrent une demi-page de papier et un crayon. Vous décidez de vous en servir pour écrire les trois actions que vous allez faire dès aujourd'hui pour trouver du boulot.*

— *Eh bien ... [Charlène note les réponses.]*

Le cerveau est plus performant pour envisager et trouver les mauvaises nouvelles et les galères que les actions gagnantes.

145. ☐ S. (par) question à échelle

Les questions à échelles de Steve de Shazer[35] sont parmi les techniques les plus connues et les plus fréquemment utilisées dans les stratégies orientées solution. Elles sont utilisées par des thérapeutes, coachs, managers et même en milieu médical pour objectiver la douleur.

Pour l'utiliser commencez par expliciter l'échelle de manière simple et non ambiguë en vous servant d'exemples concrets :

— *Sur une échelle de zéro à dix : zéro : vous n'avez absolument pas le stress et 10 : votre cœur bat la chamade et vous êtes paralysé par le trac.*

Puis demandez un chiffre au sujet.

—*A combien évaluez-vous le problème en ce moment ?*
—*Euh... quatre {Quelle que soit la réponse du sujet, vous avez un chiffre}*
Et vous pouvez travailler à partir de ce chiffre dans de nombreuses directions :
—*Comment pouvez-vous passer de quatre à trois et demi ? {Le sujet va vous livrer une solution}*
—*Comment pouvez-vous passer de quatre à cinq ? {Le sujet grimace mais fait l'expérience d'un certain contrôle sur le symptôme}*

Il arrive parfois que le sujet annonce un niveau dix en repensant à une situation extrême. Il est alors possible de changer les règles de la question en acceptant son chiffre mais en expliquant que l'échelle peut en réalité monter à 13 ou 14 au maximum. Cela permet de lui proposer l'expérience de monter encore sa valeur puis de la diminuer selon la stratégie « *Pour redresser quelque chose, li faut d'abord la tordre davantage.* »

---

[35] Steve De Shazer, thérapeute américain et co-développeur de l'approche orientée solution, fut surpris par la remarque d'un client : "Je vais mieux, J'ai presque atteint le 10 cette fois !" Il a alors l'idée d'utiliser des chiffres pour décrire une situation ce qui marque le développement de la question à échelle utilisée dans la thérapie orientée solution (Malinen, 2001).

C'est un recadrage interne qui ajoute un outil de mesure et c'est une suggestion post hypnotique en ce sens que le sujet livré à lui-même entre les séances est maintenant doté d'un outil de mesure et de régulation de son problème et surtout de ses solutions.

146. □ S. (par) question du miracle

La question du miracle est emblématique des thérapies solutionnistes. Elle vise à balayer l'existence du problème par la quête bien plus importante d'une solution. La solution n'a rien à voir directe-ment avec le problème car le solutionniste ne voit pas la solution comme une clé du cadenas nommé « problème ». La solution est un moyen d'atteindre un objectif de bien être attendu. Dans la plupart des cas une fois cet objectif atteint, le « problème » qui était une sorte de description de la situation n'a plus lieu d'être soit qu'il ait disparu dans la nouvelle orientation du client, soit qu'il n'ait plus un sens problématique. Thésaurisée et posée par Steve de Shazer qui fermait les yeux en la posant[36] , elle consiste à mettre en scène une situation miraculeuse et d'écouter le sujet sur ce qui est perçu juste après le miracle.

—*Imaginez que cette nuit, il y ait un miracle, et on ne sait pas comment lorsque vous vous levez demain matin le problème que vous m'avez décrit ait complétement disparu ! {Autorise la levée des inhibitions du sujet sur son problème}*

Posez alors la question du miracle !

---

[36] Ce qui est une suggestion kinesthésique d'introspection venant en complément de la demande apte à susciter une recherche trans-dérivationnelle.

—*A quoi le verriez-vous ? (Que le problème a complétement disparu}*

C'est une suggestion de futurisation, une recherche trans-dérivationnelle, une plongée dans les signes que l'on doit attendre pour la fin du problème et un matériel de choix livré par le client pour avancer dans le changement.

147. ☐ S. (par) question du moment

La question du moment est une suggestion sans échec car elle ne s'engage aucunement sur un délai ou sur l'occurrence de ce qui doit survenir.
— *A quel moment la main devient légère ?*
De plus, elle peut aussi se masquer derrière l'aveu de l'ignorance du thérapeute ou même de celle de la partie consciente du sujet.
—*Je ne sais pas à quel moment le bras monte ! {Aveu de ne pas savoir}*
—*Je ne sais pas et vous ne savez pas à quel moment le bras monte !* {Dissociation conscient/inconscient}

148. ☐ S. (par) ratification

Ratifier c'est dire ce que vous calibrez, exactement au moment où le sujet le fait.
— *Vous déglutissez [au moment où elle déglutit]*
— *Vous souriez [au moment où elle sourit]*
Ratifier c'est passer d'interlocuteur à intra-locuteur. C'est une démarche hautement hypnogène et hypnotique.
Outre les phénomènes hypnotiques qu'il est très efficace de ratifier, une ratification quelle qu'elle soit, fait glisser les suggestions associées.

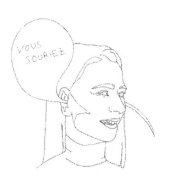

— *Vous souriez et vous vous détendez !*
— *Cette profonde inspiration vous fait prendre conscience que votre champ de conscience se modifie.*

149. ☐ S. (par) ratification du premier coup de téléphone

Vous ratifiez ce qui est avéré car puisque ce client vous appelle pour la première fois, c'est bien qu'il a décroché/saisi le téléphone et composé votre numéro :
— *Depuis que vous m'avez appelé vous avez déjà changé. Je vais vous donner un rendez-vous, mais il y aura un avant et un après votre décision de passer ce coup de fil.* {Vous ratifiez l'action du sujet qui a décroché le téléphone et composé votre numéro}.

En ratifiant, vous commencez l'induction à distance avec les éléments utilisationels dont vous disposez et vous modifiez le train de pensée du sujet.

— *Si vous êtes déjà au téléphone, vous êtes prêt à changer, mais ne changez pas trop vite, il faut qu'il reste un bout de problème pour votre rendez-vous.* {Déléguez la résolution du problème ou sa diminution}

150. ☐ S. (par) recadrage temporel

Le temps aménage les réalités, c'est un outil de recadrage puissant par exemple en envisageant plusieurs échelles temporelles pour l'évaluation du même fait. Le sujet vient d'échouer au Bac et il est très déprimé :

— *J'ai raté le Bac, ma vie est fichue.*
— *Je comprends, et qu'est-ce que tu en penseras dans six jours, dans six mois et dans six ans ?*

151. ☐ S. (par) réponse ouverte

Lister toutes les possibilités des réponses ouvertes désarçonne la résistance et augmente l'ennui favorablement à la dé-potentialisation du conscient.

— *Vous pouvez m'écouter ou ne pas m'écouter et votre esprit inconscient écoute de toute façon. Vous pouvez écouter consciemment ou préférer ne pas tout comprendre car c'est vraiment peu intéressant et que de toute façon il écoute pour vous deux. Ecoutez... ou n'écoutez pas ou autre chose maintenant....*

152. ☐ S. (par) réalisme magique

Ce mouvement artistique entend proposer une vision du réel renouvelée et élargie par la prise en considération de la part d'étrangeté,

d'irrationalité ou de mystère qu'il recèle. L'histoire et les personnages sont ancrés dans le réel, mais l'auteur introduit un élément
magique ou fantastique qui n'est pas remis en cause dans la fiction.
Avant d'être un mouvement littéraire, c'est une appellation introduite en 1925 par le critique d'art allemand Franz Roh pour rendre
compte en peinture d'éléments perçus et décrétés comme « magiques », surgissant dans un environnement défini comme « réaliste
».

Par exemple dans « Cent ans de solitude[37] » Sophie de la piété fait
tomber un bol de pois chiche et :

— *Elle fit tomber un bol de pois chiches et les graines s'immobili-
sèrent par terre en ordre géométrique parfait, décrivant la forme
d'une étoile de mer.*

En guise de suggestion préparatrice à une induction par crâne de
cristal :

— *Pouvez-vous fermer votre troisième œil pendant une minute et
poser l'index gauche sur sa paupière ?*

153. □ S. (par) suggestion inversée

Tout simplement demander le contraire ou l'inverse de ce que vous
voulez obtenir. L'inconscient qui est très malin s'en aperçoit et vous
arrivez à vos fins alors que le conscient n'y a vu que du feu.

— *N'entre pas en transe, maintenant.*

Ou bien :

---

[37] Garcia Marquez, Gabriel, Claude Durand, Carmen Durand, et Gabriel
Garcia Marquez. *Cent ans de solitude*, 2014.

— Surtout ne cherche pas à sentir une différence entre la paume et le dos de la main. {Pour débuter une lévitation}

154. ☐ S. subordonnée à un comportement

Tout simplement lier la suggestion à un comportement ou sa prolongation.

— Vos yeux vont se fatiguer et se fermer d'eux même pendant que vous continuez à regarder ce point.

Ou encore :

— Vous allez trouver que vous vous sentez de plus en plus détendu et confortable pendant que vous restez assis ici les yeux fermés.

155. ☐ S. (par) SMS

A priori tous les vecteurs (SMS, mail, lettre, vidéo, téléphone, visio etc...) sont susceptibles de véhiculer une suggestion.

Prenons le cas du SMS qui se caractérise par un message bref. Vous avez peu de certitude sur l'état d'esprit du sujet au moment où il va lire le SMS. Chronologiquement vous aurez ensuite en principe l'information que le SMS a été lu et puis sans doute plus rien avant une éventuelle réponse qui d'ailleurs ne sera pas garantie. Comment faire pour suggérer dans le corps du SMS.

Un des moyens de capter l'attention du sujet par le texte est de s'appuyer sur une suggestion post hypnotique que vous aurez prévue par avance dans la séance précédente. Par exemple en pré-induction en début de séance pour une demande sur le stress :
Suggérez tout d'abord la progression [voir §suggestion non verbale de progression]

Puis la forme sinusoïdale de l'intensité du problème : — finalement *y a-t-il plus de haut que de bas dans cette alternance du problème ?* {Suggestion il y a des moments d'exception}
Puis durant la séance :
— *Sur une échelle de zéro à dix : Zéro vous êtes complétement Zen et dix vous êtes particulièrement stressé. A chaque fois que vous sentez le stress, vous pouvez vous demander automatiquement à quel niveau il est sur l'échelle. {Définir une échelle durant la séance pour s'y référer en dehors de la séance}*
Et ensuite un SMS quelques jours après la séance :
SMS— Cette semaine, à combien êtes-vous passée au minimum sur l'échelle de zéro à dix. {Suggestion de stress ayant baissé à plusieurs reprises}
 Un autre moyen est de créer une introspection par un questionnement mettant le sujet en recherche trans-dérivationnelle. Par exemple, une dizaine de jour après la séance :
— *Bonjour, je fais toujours un bilan à froid une dizaine de jours après une séance. Quels sont les progrès les plus étonnants que vous avez constaté ?* {Suggestion : il y a eu des progrès multiples}

156. ☐ S. (par) saupoudrage

Le saupoudrage fonctionne en insistant sur un mot ou un groupe de mots. Nous les indiquons dans les exemples en caractères gras.

— *Dans tous les matchs il y a un **gagnant** ! Même si c'est exæquo, il y a alors deux **gagnants**.*

Il y a deux multiples possibilités pour mettre en exergue le mot gagnant à l'attention de l'inconscient :

— Intonation,
— Direction de la parole,
— Geste de la main vers le sujet,
— Clignement de paupière,
— Etc…

157. ☐ S. (par) saturation

A la boulangère qui arbore un badge marqué « Nadine » et qui est en blouse rouge. Vous commencez par faire un compliment improbable :
Suggestion : — *C'est super, vous savez que vous avez une blouse de la couleur de votre prénom ?*
— *Euh...*
— *Oui elle est Greuu..Nadine.*
— *Je vois que vous avez un billet de 60 euros, vous pouvez me faire la monnaie, si ça vous arrange ; j'ai deux billets de 30 Euros.*
— *Euh {Calibrez la confusion}*
— *Ah c'est vrai, ce n'est pas un billet de 60 c'est un billet de 50 ! Si ça vous arrange, vous me le donnez contre deux billets de vingt ?*

158. ☐ S. (par) silence

— *Ne rien dire et ne pas le penser trop fort*

Pour déclencher une recherche trans-dérivationnelle et laisser de l'espace au sujet, c'est si facile de se taire. Et pour apprendre à se taire on peut commencer par donner du temps au sujet :
— *C'est agréable ?*
— *Si c'est agréable, je vais vous laisser 5 minutes pour en profiter*
Et laissez passer cinq bonnes vraies minutes dans cette qualité de silence que Milton Erickson qualifiait de « *pause avec attitude d'attente du thérapeute* »
Et ensuite quand vous serez entrainé à vous taire, le silence peut advenir à de multiples endroits enrichissants : au milieu d'une phrase, après une onomatopée, pendant une transmission de pensée, avant un retour de transe etc...

159. ☐ S. (par) séquence d'acceptation

Une séquence d'acceptation est une modélisation de la pratique usuelle de Milton Erickson. Elle est devenue le célèbre « yes set » très utilisé en technique de vente.
— *Vous avez besoin de changer votre copieur*
— *Vous avez reçu ma proposition*
— *Vous êtes le décideur*
— *Vous voulez signer le contrat maintenant ou après avoir bu le café ?*

L'idée est de favoriser l'apprentissage quasi réflexe de « répondre « oui » à l'aide de plusieurs questions successives auxquelles la réponse sera indubitablement « oui »
— *Vous aviez rendez-vous ce matin ?*
— *Oui*
— *Vous voulez toujours arrêter de fumer ?*
— *Oui*
— *Vous avez le permis de conduire ?*
— *Oui*
— *Vous préférez entrer en transe rapidement ?*
— *euh ...Oui*

A noter que la séquence de dénégation qui entraine à   répondre « non » à l'aide de plusieurs questions successives auxquelles la réponse sera indubitablement « non » fonctionne de la même manière et apparait presque plus puissante car invisible :
— *Vous n'avez jamais été hypnotisé*
— *Vous pensez que ce n'est pas possible*
— *Vous n'êtes pas mal installé sur ce fauteuil bancal ?*
— *Vous n'êtes pas venu en moto ?*
— *Vous ne savez pas de quel côté vous allez partir en hypnose d'abord*

160. □ S. (par) surprise proprioceptive

— lorsque la main touche la tête, il va se passer quelque chose d'extraordinaire {prophétie auto-réalisante}

La proprioception ou sensibilité profonde désigne la perception, consciente ou non, de la position des différentes parties du corps. Or dans l'état d'hypnose elle est parfois mise entre parenthèse. Par exemple lors d'une lévitation de la main si les yeux se ferment et si vous suggérez que la main va toucher la tête :

— La main, monte et je ne sais pas si la main touche la tête ou la tête touche la main ?
Le moment ou la main touche la tête et l'endroit du premier contact (menton, front …etc.) n'est pas prévisible pour le sujet ce qui provoque une attente très forte puis une surprise spatio-temporelle.

Cette suggestion utilise la surprise prévisible[38] pour lui associer à l'avance un changement.
— Et au moment où la main touche, la sensation disparait et elle est remplacé par un bien être qui se répand à partir du point de contact. Et je ne sais pas quelle est la quantité maximum de bien être que vous pouvez supporter ...

161. □ S. (par) suspension consentie d'incrédulité[39]

Lorsque vous commencez à lire un bouquin c'est l'effort que vous faites pour vous rapprocher de l'auteur et de ses propositions. Cela

---

[38] Milton Erickson parlait du pattern « *In a moment pattern* »
[39] C'est Samuel T.Coleridge qui en parle en premier en 1817. Pour lui, c'est la foi poétique qui permet au lecteur de vivre une aventure en embarquant dans un roman ou plus généralement une œuvre. Ce phénomène hypnotique déclenché par le lecteur est une autohypnose qui s'installe selon des règles comme par exemple au cinéma ou l'on excuse rapidement les fautes de raccord pour s'absorber dans l'histoire.

vaut aussi pour un film ou une pièce de théâtre lorsque vous aban-
donnez votre rationalité ordinaire, selon les règles qui ont été édic-
tées depuis des années (conventions au cinéma, unité de lieu au
théâtre etc...) et fait l'objet d'un apprentissage inconscient.

Arrangement interne du cerveau que fait le lecteur pour croire à
l'univers proposé par l'auteur. Notez que c'est exactement le même
effort que vous demandez au client pour commencer à entrer en hypnose.

Raconter une histoire métaphorique en prévision de la séance
: — *C'est l'histoire d'un gars qui laisse tomber son mouchoir à carreau par terre. Comme il n'a pas de chance, il casse un carreau
[calibrer le rire et l'incrédulité] Le lendemain, il a oublié et il a
envie de se moucher parce qu'il est enrhumé. Alors il se mouche et
se coupe le nez sur le carreau cassé. [Calibrer l'engagement] Il
fonce aux urgences avec du sang partout et on le soigne. Il ressort
le lendemain vers midi du service de maternité avec un nouveau nez.
[Calibrer la suspension d'incrédulité]. Avec toutes ces émotions, il
oublie de changer le carreau [calibrer le client qui est dans l'his-
toire] et en se mouchant parce qu'il a encore le nez qui coule, il se
recoupe le nez complètement. On le conduit aux urgences, mais là,
on ne peut pas le soigner. — Vous comprenez bien qu'il faut au
moins neuf mois entre les deux nouveaux nez. Vous allez être obligé
de passer par la chirurgie esthétique. Ne vous inquiétez pas on vous
donne l'adresse des meilleurs en France, ils sont à Redon. Et le gars
part en ambulance vers Redon. Et il revient un mois après avec un
véritable n'édredon. {Jeu de mot : nez de Redon}*

Il suffit de raconter une histoire pour déclencher ce phénomène,
alors pourquoi ne pas s'en priver pour faire passer les suggestions.
Ce procédé augmente la suggestibilité et permet de passer d'autres
suggestions dans la foulée plus facilement.

162. □ S. (par) symbole psycho magique

Sans aller jusqu'à des rituels de psycho-magie[40] très sophistiqués :
Vous pouvez conseiller à votre client la prescription suivante :
— *En partant, vous allez ramasser dans le jardin un caillou noir et le garder sur vous jusqu'à la prochaine séance.*
Et commencer la séance suivante en disant :
—*Alors ce caillou ?*
Puis rebondir selon ce que vous amène le client :
— *Je l'ai perdu/laissé chez ma belle-mère/oublié pour venir vous voir/etc...*

163. □ S. (par) surprise

Pour la plupart des gens, le mot « surprise » possède une connotation plaisante voire agréable surtout si on en fait l'annonce à l'avance. Elle permet de faire sortir le sujet de son paradigme usuel voire de ses croyances et lui ouvrir un champ des possibles dans un espace de créativité.

 Le choc, la surprise la confusion et la restructuration :
Vous avez besoin de passer à votre banque alors vous vous garez à la cosaque en double file, puis vous galopez vers la banque. Il est 16h et vous savez que l'agence ferme 17h30 donc vous êtes sûr que c'est ouvert.
En courant vous arrivez et vous poussez la porte qui ne bouge pas d'un poil. Vous êtes surpris, jusque dans votre colonne vertébrale qui ressent encore le choc. Perplexe, vous vérifiez les horaires inscrits sur la porte c'est bien 17h30, alors vous secouez la porte qui reste fermée, mais d'un coup elle s'entre-ouvre et vous pouvez entrer. Celui qui vous a ouvert est un homme grand, cagoulé et armé d'une kalachnikov qui referme derrière vous et vous demande expressément de vous mettre à genoux. Vous êtes choqué.

---

[40] Manuel de psychomagie A Jodorowsky

Ensuite la prise d'otage se poursuit toute la nuit, mais par chance, elle se termine bien et vous êtes relâché au petit matin.
Par chance, vous trouvez un taxi rapidement et vous n'avez plus qu'une idée de bain chaud et de farniente pour la journée. En arrivant dans votre hall d'immeuble, vous voyez de loin une pancarte sur l'ascenseur que vous n'arrivez pas à lire. Encore en panne ! vous vous approchez et arrivez à lire :
— Attention peinture sèche ! — Vous êtes confus !

La suggestion par surprise peut servir à :
— Abaisser le facteur critique :
— Anticiper une surprise annoncée place le sujet dans un état ouvert à la nouveauté : *— Et quand la main touche la tête, il va se passer une chose extraordinaire.*
— Induire un phénomène hypnotique : *— Vous savez tout ce dont vous êtes capable mais la surprise surprenante que vous pourriez expérimenter ici, c'est de découvrir que vous ne pouvez pas vous lever maintenant. {Catalepsie des jambes}*
Exemple de surprise de Milton Erickson provoquant une hallucination :
— Tout ce que je veux c'est que vous me disiez
Le genre, la race et l'âge approximatif du chien qui est là. ! [Vous pointez du doigt un endroit que vous regardez attentivement avec un intérêt des plus vifs]

164. □ S. la super suggestion

Les suggestions gagnent généralement à être proposées de la plus simple à la plus compliquée dans une gradation positive.

La super suggestion[41] est une sorte de raccourci. C'est la suggestion suprême, celle qui suggère simplement, mais puissamment que toutes les autres suggestions passeront.

Lorsque le sujet est en transe :

— *A partir de maintenant, tout ce que je propose est votre réalité, ce sera très drôle et intéressant, hochez la tête si vous êtes d'accord.*
[Le sujet hoche la tête]

Si vous souhaitez préparer le terrain plus particulièrement pour une hallucination :

— *Tout ce que je dis est instantanément votre réalité parce que votre esprit est surpuissant et parfaitement capable de voir les idées, entendre les musiques, ressentir les sentiments et voir ce que je vous dis de voir.*

165. □ S. (par) synesthésie

A noir, E blanc, I rouge, U vert, O bleu, voyelles, je dirais quelques fois vos naissances latentes. Arthur Rimbaud connaissait déjà la synesthésie, ce phénomène hypnotique de rapprochement des sens.

Environ 65% des synesthésies concernent la mise en relation des chiffres, des lettres et des couleurs. On constate par ailleurs que les enfants sont naturellement doués pour le phénomène puis en grandissant l'adulte se rationalise et perd souvent cette aptitude qui reste à l'état de trace. C'est un court-circuit entre les perceptions des cinq sens, et c'est aussi un levier formidable pour résoudre des problèmes par glissement de contexte. En questionnant à la manière d'un portrait chinois, si vous arrivez à obtenir une couleur pour un symptôme (i.e. douleur) Vous venez de le réifier car la couleur est déjà une métaphore. Vous pouvez ensuite agir sur ce symptôme en reformulant par suggestion de dilution de la couleur.

---

[41] Citée par Jacquin dans "L'art de l'hypnose impromptue" et Chase, Jonathan. Deeper and Deeper: The Secrets of Stage Hypnosis. Place of publication not identified: Academy of Hypnotic Arts, 2005.

— *Parle-moi de ta douleur, elle est de quelle couleur ?*
— *Rouge !*
— *Si tu mets du blanc dans le rouge ça fait quoi ?*
— *Du rose*
— *Et à chaque fois que je claque des doigts tu ajoutes un peu de blanc et le rose pâlit. (clac, clac, clac...etc.)*

Testez votre sujet :
— *Quelle est l'odeur du goût de fraise ?*
— *Euh je dirais comme un léger citron*
S'il est synesthésique vous pouvez l'emmener beaucoup plus loin par un mélange des sens.

166. □ S. (par) tâches multiples et suggestion en série

Il est souvent plus efficace de proposer plusieurs suggestions qu'une seule. Ceci pour plusieurs raisons, la première c'est que la suggestibilité est additive et que lorsque vous passez une suggestion même minime, vous facilitez le passage pour les suivantes. Ensuite l'élan acquis en exécutant une tâche facile va généralement aider à l'accomplissement de la suggestion suivante que vous aurez dosé un peu plus conséquente.

Par exemple vous pouvez concevoir une tâche multiple liée qui est particulièrement plus efficace :

— *Pendant que vous prenez votre douche, j'aimerais que vous vous laviez la tête en vous massant le crâne en pensant à un métier que vous ne voulez pas faire parce que chaque fois qu'on se masse le crâne, on se masse aussi les idées !*

Avec ces prescriptions multiples liées, à quoi la cliente pourrait-elle dire non ? : — À prendre une douche ? À se laver la tête ? À penser à un métier qu'elle ne veut pas faire ? À penser aux métiers qu'elle va cibler dans sa recherche d'emploi ? À masser sa créativité ?

Non il est bien moins fatiguant d'accepter la suggestion que de refuser cette cascade de tâches multiples et imbriquées qui constitue une suggestion post-hypnotique.

167. ☐ S. (par) transmission de pensée

Tout au long du XX^{iéme} siècle les ouvrages sur l'hypnotisme décrivent des phénomènes quasi magiques : influence à distance, cumberlandisme, clairvoyance, vision avec un autre organe que les yeux comme par exemple les genoux …etc. La transmission de pensée en est un qui mérite d'être signalé au rang de suggestion.

Vous avez probablement fait l'expérience suivante : vous regardez une personne dans un bar ; elle ne vous fait pas face mais vous regardez intensément sa nuque et voilà qu'au bout d'un moment elle se retourne pour voir qui la scrute. Elle a senti votre regard comme une transmission de pensée.

Après avoir mis votre sujet en transe les yeux ouverts, pensez le plus fortement que vous pouvez « avance » puis pensez « recule » et ainsi de suite jusqu'à produire un balancement d'avant en arrière.
Chacun peut penser s'il y a eu transmission de pensée ou autre mécanisme mais chacun peut aussi constater que cela marche.

Un autre exemple pour la synchronisation : Pensez à une personne que vous aimez beaucoup, votre grand-mère par exemple et projetez l'image de la grand-mère souriante en pensée vers la cliente. La synchronisation ne tarde pas à se produire. Est-ce de la transmission de pensée ou de l'application des neurones miroirs ?

168. ☐ S. (par) transmission physiologique

— *Un bon bailleur en fait bailler dix !*

Certains gestes du langage postural (non verbal) sont des gestes qui se transmettent. Par exemple le bâillement car il constitue une suggestion vers le reste de la compagnie. Du point de vue médical, c'est un comportement réflexe qui commence par une contraction intense de certains muscles du visage entraînant une inhalation profonde d'air par la bouche, suivie d'une courte, mais profonde et rapide, expiration. Il est déclenché inconsciemment chez l'homme et les animaux. Les muscles du visage sont fortement mis à contribution et selon une théorie physiologiste il participe d'une oxygénation du cerveau.

C'est à la fois un message (en connais-tu le sens ?) une communication de groupe (bailler, c'est faire bailler les autres) et une preuve d'appartenance au groupe (un bon bailleur en fait bailler dix !). En matière d'hypnose personnelle, c'est typiquement un geste Inconscient que l'on peut suggérer en passant par l'imagination ou l'évocation mais encore plus facilement par l'imitation.

Il reste à l'associer à une autre suggestion et se servir de sa survenue pour aller dans le sens d'une suggestion. [En ébauchant un bâillement]

— *Tu bailles et tu te détends complétement.*

169. □ S. (par) truisme liée au temps

— *Dans quelques instants, mais pas tout de suite....*

Annoncer ce qui va advenir mais sans dire quand. Cela produit une situation ou l'échec ne peut pas se produire alors c'est la prophétie auto-réalisante qui se produit à tous les coups.

—*Et tu peux être curieux de cette sensation qui apparait dans une minute ou un peu plus tard. {Une sensation apparait}*

170. ☐ S. (par) truisme sur mécanismes mentaux

— *Vous savez que lorsque vous dormez, votre cerveau peut rêver....*
Ces lieux communs fonctionnent comme des formes de suggestion hypnotique. Ajoutez :
— *Vous pouvez facilement oublier ce rêve en prenant le café....*
Et vous préparez une amnésie.
Vous voulez suggérer des mouvements idéomoteurs par la suite commencez par rappeler un truisme : — *Chacun a eu l'expérience de secouer la tête pour dire non ou de la hocher pour dire oui sans même s'en apercevoir.*

171. ☐ S. utilisant la résistance

En hypnose Ericksonienne être utilisationel c'est aussi utiliser la résistance que montre le sujet. Pour cela, dans le cas d'un sujet résistant faite une suggestion comme suit :

— *Ecoutez, Il y a de fortes chances que nous puissions résoudre très rapidement votre problème et il existe des techniques spécifiques que nous pouvons utiliser mais tel que je vous vois fonctionner je ne crois pas que cela puisse marcher pour l'instant.*

Avec cette proposition le sujet est embarqué dans une suggestion paradoxale. S'il garde sa réaction habituelle de résistance et d'opposition à la relation d'aide, il fera exactement ce que vous estimez qu'il est incapable de faire et s'il abandonne sa résistance c'est aussi une bonne chose.

172. □ S. (par) vidéo

Les vidéos ont un pouvoir suggestif très important. Les spectacles d'hypnose utilisent des écrans géants dont la finalité avouée est certes de montrer ce qui se passe sur scène à ce qui en sont le plus éloignés, mais qui permettent aussi de délivrer des suggestions de comportement sous hypnose. Il suffit de montrer quelques morceaux choisis tiré de précédents spectacles pour suggérer le comportement que l'on attend de vous si vous montez sur scène. Ce sont des suggestions non verbales qui passent d'autant mieux que le mécanisme de l'homme de paille est utilisé {Ce n'est pas vous qui faites le zombi mais un parfait inconnu}.

D'une manière plus générale, filmer la transe produit une vidéo de suggestion de transe. Avec les téléphones modernes, c'est très facile d'essayer ce type de suggestion et d'en constater l'effet. Par exemple pour cette artiste qui demande d'approfondir sa créativité en matière de dessins. En séance, vous lui proposez une stratégie simple : Avec son accord vous filmerez la séance puis vous allez la mettre sous hypnose et elle pourra alors réaliser quelques dessins selon des suggestions variées :

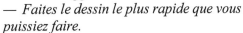

— *Faites le dessin le plus rapide que vous puissiez faire.*
— *Faites le dessin le plus choquant pour votre public.*
— *Faites le dessin qui sera entièrement nouveau dans votre pratique tout en étant reconnaissable à votre style !*
Etc...
A la fin de la séance de dessin automatique, c'est bien sûr le résultat des différentes œuvres, qui intéressera le sujet :
— *Celui-ci je ne le comprends pas*
— *Celui -ci je n'ai jamais fait comme ceci, mais cela me donne des idées...*
— *etc...*

Mais ensuite, vous pouvez lui faire visionner la vidéo en la prévenant à l'avance que cela pourrait la plonger en transe, mais en tous les cas, lui apporter de nombreuses réponses pour rafraîchir sa créativité, pour rejoindre sa demande initiale.

173. ☐ S. (par) zeugma

Le Zeugma ou Zeugme est une formule de rhétorique ou l'on associe dans la même proposition un élément abstrait et concret dans le champ sémantique d'un même verbe.

— *Et il tira de sa poitrine un soupir et de sa redingote une enveloppe jaune.* (Attribué à Gide)

Cultivez-les, gardez dans un coin de tête les zeugmas que vous rencontrez et inventez les vôtres ; ils peuvent servir à produire des phrases indécidables comme :

— *L'hypnose se passe dans la tête et de commentaire.*

Les phrases indécidables bloquent la compréhension consciente et font baisser le facteur critique. A haute dose, elle dé potentialisent le conscient ce qui suggère le début de l'induction ericksonienne.

SUGGESTION PAR RECADRAGES DIVERS

Le recadrage est une des plus puissantes familles de suggestion. Avant de parcourir une typologie, voici un exemple jubilatoire inspiré du grand maître Sacha Guitry :

A cette actrice qui se vantait de ne jamais avoir le trac sur scène, il répond du tac au tac :

— *Vous verrez, cela viendra avec le talent !*

Cette histoire peut être utilisée en anecdote par exemple pour recadrer un sentiment d'imposture du thérapeute en début de séance :

— J'ai une peur, comme un trac en début de séance à chaque client, je me demande si je suis à la hauteur ?

— Savez-vous ce que Sacha Guitry disait à cette actrice qui se vantait de ne jamais avoir le Trac sur scène ?

— Euh...

— Vous verrez, cela viendra avec le talent !

Vous venez de recadrer un défaut en talent ! Une plainte en compétence. Continuez avec les différents registres des recadrages dans les § suivants.

174. ☐ S. (par) recadrage de compétence

Le sujet se trouve nul ou incapable et bien souvent[42] il possède la compétence mais ne s'en souvient plus ou bien il s'est placé dans un paradigme dans lequel sa narration ne peut pas en faire état. Dans cet exemple il explique qu'il ne sait pas dire « non » et que cela lui pourrit la vie dans tous les domaines.

—Je comprends que cela te pose de gros problèmes, au fait j'ai vu que tu avais un billet de 50 alors si je te donne deux billets de 20 tu me donnes ton billet de 50 ?

— euh ...non ce n'est pas juste

— Eh ben voilà, donc tu as la compétence, tu viens de me dire « non »

C'est juste que tu ne l'appliques pas au bon moment. On va travailler ce point si tu le souhaites ....

C'est une séquence expérientielle, le sujet vient de vivre ce qu'il avouait ne pas savoir faire et le recadrage est instantané.

---

[42] Disons toujours.

175. ☐ S. (par) recadrage existentiel

Le client exprime le besoin de mieux gérer son temps et il en fait une montagne. Pour sortir de la plainte un recadrage peut être posé au niveau existentiel. Cela peut se faire avec une simple phrase très courte placée au bon moment.

— *On n'a jamais vu un agenda qui suivait un corbillard.*
Le bon moment c'est au minimum après avoir accepté la plainte et avoir créé l'accord mais cela peut être aussi après avoir raconté une longue histoire ennuyeuse.

176. ☐ S. (par) recadrage de point de vue

Proposez au sujet de regarder la situation sous un autre angle de vue. Il s'agit d'un recadrage au sens photographique, car pour un photographe l'angle de vue appelé le cadrage[43] change le sens de la photographie. Une des manières de faire peut utiliser le réalisme magique[44] pour empêcher une interprétation consciente et rationnelle.
— *Où as-tu cette émotion dans ton corps ?*
— *Dans les genoux !*
— *Si tu avais les yeux dans les genoux comment verrais tu la salle différemment ?*

---

[43] Pour un peintre, c'est la composition qui change la nature de la perception du spectateur de l'œuvre. Par exemple Le Caravage qui a été l'un des premier à utiliser une composition plaçant la croupe d'un cheval au premier plan fait entrer le spectateur dans la scène.
[44] Ce mouvement artistique entend proposer une vision du réel renouvelée et élargie par la prise en considération de la part d'étrangeté, d'irrationalité ou de mystère qu'il recèle. L'histoire et les personnages sont ancrés dans le réel, mais l'auteur introduit un élément magique ou fantastique qui n'est pas remis en cause dans la fiction. Avant d'être un mouvement littéraire, c'est une appellation introduite en 1925 par le critique d'art allemand Franz Roh pour rendre compte en peinture d'éléments perçus et décrétés comme « magiques », surgissant dans un environnement défini comme « réaliste ».

— *Euh. Plus large*
— *Plus large comment {avancer avec la perception du sujet}*

177. ☐ S. (par) recadrage de position

Le coach en première séance, invite le client à prendre un siège {accueil et politesse} puis il demande l'autorisation de s'assoir afin d'entériner sa position basse. Le client est surpris, confus et autorise bien évidemment le coach à s'assoir à son tour. Ce faisant il prend le pouvoir au moment où il autorise le coach à s'assoir par la force du langage.

— *Prenez un siège*
[Le client s'assoie, le coach est toujours debout]
— *Puis je m'assoir sur cette chaise ?*
— *Mais bien sûr* {le client est confus}
— *Puisque vous êtes d'accord, je m'installe sur cette chaise ?*
{Les deux sont assis et le client est en position haute et le coach peut le ratifier}
— *C'est entièrement votre séance, vous savez* {double sens}

178. ☐ S. (par) recadrage de sens

Le sujet broie du noir et ne supporte pas de vieillir, commencez par aller dans son sens :
— *Vous avez raison, ce n'est pas agréable de savoir que l'on commence à décliner vers 17ans.*
Et puis placez votre recadrage flash :
— *Vieillir c'est terrible, mais quand on pense à l'alternative....*
Cette phrase n'a pas de fin mais c'est là que réside sa puissance recadrante car le sujet s'en empare et se fait lui-même un auto-recadrage. Il se charge de lui trouver une fin puis un sens nouveau.

Dans la même veine, un renversement de situation peut passer par de l'humour noir : — *Quand on pense que la situation est désespérée, il est bon de penser aux homards qui se trouvaient dans l'aquarium du restaurant du Titanic.* Cet humour est propice à contourner le facteur critique et permet de voir au moins dans cette histoire farfelue qu'il existe une solution même au plus noir de la situation.

179. ☐ S. (par) recadrage métaphorique

Laissez le client se recadrer à sa guise. Contentez-vous de lui raconter une histoire métaphorique en rapport avec sa problématique :
— *Je ne trouve pas de travail depuis 6 mois, j'ai peur de ne pas y arriver.*
— *Je pense à un ami qui faisait beaucoup d'auto-stop étant jeune... Un jour, il m'a raconté qu'une fois il allait voir sa fiancée et il avait commencé à stopper à 10 h mais personne ne le prenait et il voyait passer des voitures et des figures. A 11 h 30 il y était encore et puis une Ferrari s'est arrêtée, il était aux anges car il n'avait jamais voyagé en voiture de sport et en plus le conducteur était sympa et discutait en doublant facilement toutes les autres voitures.*
Et ils sont arrivés avant tout le monde.

180. ☐ S. (par) recadrage narratif

Le sujet vient de vivre le décès de son père : elle pleure et indique que la séance va être difficile. Vous présentez vos condoléances et proposez poliment de reporter la séance si nécessaire. La cliente souhaite absolument continuer la séance.
— *Pour parler d'autre choses, il y a un auteur que j'aime bien c'est Sternberg, car il écrit des nouvelles très brèves qui se passent sur des planètes jumelles de la terre.*
Par exemple, il y a une autre planète ou tous les habitants de la terre sont encore vivants, Bien sûr ils sont un peu serrés. Et sur cette planète votre père est encore vivant... mais vous vous êtes morte d'un accident écrasé par un camion ! C'est triste !

— *Comment le vivrait il ?*
— *Il serait très triste, je suis sa fille unique, il serait dépressif etc…*
— *Et en partant avant vous, il s'est épargné cette énorme tristesse.*

181. ☐ S. (par) recadrage paradoxal

— *Je procrastine énormément et j'ai un grand oral vendredi prochain, je ne sais pas comment je vais m'en sortir !*
Utilisez un paradoxe, par exemple avouez votre impuissance et prétendez que le client doit garder son défaut.
— *D'après tout ce que vous me dites et mon expérience, je pense que vous ne pourrez pas vous débarrasser de ce défaut avant vendredi. Alors, compte tenu de l'urgence de la situation, nous gagnerions du temps si nous pouvions lister maintenant toutes les compétences que vous pourriez utiliser pour pallier ce grave défaut et essayer de vous en sortir autrement.*

182. ☐ S. (par) recadrage par recherche d'exception

Le sujet décrivant sa situation se colle très souvent une étiquette. Une fois qu'il s'est qualifié de gros fumeur, il faut tenter de rechercher des exceptions pour décoller lentement l'étiquette et suggérer une réalité moins gravée dans le marbre.

—*Je suis un gros fumeur, je fume sans interruption. Je ne peux pas m'empêcher d'allumer une clope avec le mégot précédent.* {Le sujet s'est collé une étiquette}
—*Quel sont les moments où vous fumez encore plus ?* {Le sujet accepte car vous créez l'accord en acceptant sa vision du problème et en allant au-delà}
— *Quand je prépare une réunion de budget* {le sujet apprend à trouver des exceptions}

—*Et quel sont les moments où vous fumez encore moins ?* {Le sujet habitué à la recherche d'exception va en trouver}
—Euh, *sous la douche ?* {Le sujet habitué à la recherche d'exception va en trouver}
— *Et encore ?*
— *En moto...*
— *Et encore ?*
— *La nuit...*
— *Vous dormez combien de temps ?*
— *Je suis un gros dormeur, au moins 8 heures !*
— *Ah vous savez arrêter de fumer 8 heures tous les jours !*

183. □ S. (par) recadrage par sémantique générale

Alfred Korzybski, théoricien de la sémantique générale, nous a mis en garde contre certaines utilisations du « verbe être ». Il considère que la polysémie de ce verbe engendre la confusion intellectuelle, et que la relation d'identité, qui est l'un de ses sens possibles, n'existe tout simplement pas dans la réalité.
— *Une carte n'est pas le territoire,*
Signifie que l'esprit fait usage en permanence, le plus souvent inconsciemment, de différents niveaux d'abstraction que nous avons tendance à confondre car le langage entretient cette confusion.

– *Je suis un grand procrastinateur !*
– *Ah, vous avez plusieurs vitesses de travail ! c'est super...*

Ainsi, selon lui, nous ne devrions pas dire « Je suis fumeur » (est d'attribution), mais plutôt « je me vois comme un fumeur » (ou buveur, si je prends l'apéritif etc.).

Le verbe « être » est piégeux car il peut être utilisé de quatre manières différentes. Les deux premiers usages sont anodins :

1. Le verbe être signifie exister, se trouver : « Je suis dans votre bureau » ;

2. Le verbe être est utilisé comme auxiliaire dans la formation des temps composés. « Comme nous en étions convenus »

3. Mais… l'usage le plus dangereux c'est l'utilisation du verbe être en étiquetage qui conduit à identifier de manière erronée des niveaux d'abstraction différents, en reliant deux noms qui sont mis sur le même niveau : « Cet homme est un procrastinateur » … cette utilisation signifie en réalité : « pouvoir être désigné comme… »

4. Quand le verbe être est utilisé pour mettre en relation un nom et un adjectif il produit un diagnostic indélébile. — *Il est déprimé* — Cette utilisation **fait** exister les caractéristiques désignées dans la personne représentée alors qu'elles découlent de la relation entre l'observateur et l'observé. Le verbe être doit être compris comme : « telle personne, telle chose, m'apparaît (nous apparaît, lui apparaît, etc.) comme ».

Ainsi recadrer un « est « d'étiquetage constitue toujours une suggestion puissante passant par la correction du langage.
—*Je suis un gros fumeur !*
— *Vous êtes un homme qui a appris à avaler la fumée à quel âge ?*

184. ☐ S. (par) recadrage sans diagnostic

Le sujet s'est collé une étiquette. Sa narration lui confère le défaut de manière intrinsèque. Un recadrage basé sur la sémantique générale peut permettre de lui ouvrir des options nouvelles.
— *Vous êtes temporairement perturbé* {Présuppose et suggère l'impermanence}.

185. □ S. (par) recadrage sémantique

Les mots ne signifient pas la même chose pour vous et votre client. Cela justifie parfois d'aller questionner la signification de ce qu'énonce le client et le retourner en forme de suggestion aidante.

— *Je n'ai pas confiance en moi.*
— *Ce doit être très difficile à vivre...*
— *Euh, ben oui*
— *Savez-vous la différence entre « avoir confiance » et « faire confiance » ?*
– *Euh, je ne sais pas !*
– *Je vous donne un exemple. Imaginez que vous avez un magasin et que vous embauchez une vendeuse. Le premier jour, vous l'observez travailler et elle paraît compétente et le second jour, vous devez partir pour une réunion alors vous lui laissez les clés du magasin pour la fermeture : Vous lui faites confiance.*
Un an plus tard, alors que vous la connaissez mieux, qu'elle est déjà venue manger à la maison avec son copain, qu'elle connaît vos enfants, etc. Vous avez confiance {fissurer le problème en deux}.
Imaginez l'escalier du changement que vous devez monter pour atteindre votre objectif de confiance en soi. Quelle serait la première marche ?
– *Euh ... me faire confiance !*
– *Et qu'est-ce qui est le plus facile : « faire confiance » ou « avoir confiance « ?*
– *Euh ... faire confiance* {recadrage}.
– *Et dans cette affaire qui serait le mieux placé pour vous « faire confiance » ?*
– *Euh ... Moi* {dissociation}.

COMMENT CHOISIR UNE SUGGESTION ?

Comment se diriger puis progresser dans cette jungle de suggestions ? Ce n'est pas si simple lorsqu'on prend conscience que l'on ne choisit pas consciemment ce que l'on dit, dans son flux de paroles. Cette belle suggestion que vous pouvez poser, c'est pourtant un mot improvisé qui sort de la bouche fort à propos. Si la meilleure suggestion c'est celle qu'il fallait dire ou suggérer, on peut se contenter de celle qui fonctionne parce qu'elle s'inscrit parfaitement dans le flow de votre stratégie.

La plus facile des suggestions

Milton Erickson considère que la suggestion la plus facile à faire passer, c'est : — *Continuez à faire ce que vous faites.*

C'est ce que je vous suggère en incorporant celles que vous avez

coché ☐ durant votre lecture.

— *Je demande à mon inconscient d'essayer en séance les trois suggestions que j'ai aimé dans cet ouvrage, cochées et que je ne pratique pas encore.*

La stratégie guide les suggestions

Nous sommes plus ou moins doués pour raconter telle ou telle histoire ? Cela ne veut pas dire que l'apprentissage n'est pas possible pour améliorer notre capacité. Cependant, il vaut mieux partir des histoires que vous connaissez déjà :

— Je demande à mon inconscient de trouver les trois suggestions les plus intéressantes pour moi et de les essayer en séance cette semaine !

Du moment que vous avez une stratégie, une idée dans votre intentional, votre inconscient peut naturellement se charger de générer vos métaphores et vos suggestions

— Ne soyez pas modérément modéré, Je vous suggère de beaucoup suggérer !

Et l'on peut aussi constater que les suggestions construisent la stratégie : en début de séance vous ne savez pas pourquoi vous avez parlé de « retour vers le futur » mais maintenant que vous voulez faire une régression en âge, vous comprenez la logique ericksonienne que vous avez eu inconsciemment.

La nature de la pré-induction ne vient pas par hasard même si vous ne saviez pas à l'avance que vous alliez suggérer une régression.

UN EXEMPLE CONCRET : QUELQUES SUGGESTIONS EN RELATION D'AIDE.

Voici en deux séances, un exemple concret ou plusieurs suggestions seront posées en face de la plainte du sujet qui demande un soulagement pour des acouphènes[45] . Quelques exemples suggérés au fil de la chronologie de cette relation d'aide. Les numéros [S.100] renvoient à la description de la suggestion dans le catalogue.

---

[45] Sur cet exemple d'acouphène. Il est prudent de conseiller une ou plusieurs visites médicales chez un spécialiste pour rechercher une éventuelle pathologie avant de diminuer le symptôme par l'hypnose :
— Avec l'ORL pour un bilan qui évacuerait une éventuel neurinome ou autre chose,
— Avec le dentiste pour la relation avec un bruxisme ou autre chose,
— Avec l'ostéo qui ausculterait les cervicales et donnerai son avis.

Cette cliente appelle un jour et demande un rendez par télé-phone. Elle viendra ensuite deux séances et cette chronologie va nous servir à illustrer des suggestions qui pourraient être faites sur la durée de cette relation d'aide.
— Bonjour vous faites bien de l'hypnose ?
— En effet
— Alors, je voudrais un rendez-vous pour faire de l'hypnose
— j'ai des acouphènes, on m'a dit que cela pouvait changer avec l'hypnose.
— Je peux vous proposer le mardi 15 à 14heures

Nous allons suivre la chronologie du schéma ci -dessous de vos interactions avec cette cliente :

avant	coup de fil	une semaine	séance 1	10 jours	séance 2	aprés

En réalité les suggestions ont commencé avant ce coup de fil, et même bien avant, car avant que cette cliente vous rencontre, elle avait sa vie emplie de suggestions émises par ses proches, ses collègues, ses relations et aussi par elle-même. Elle vous contacte bardée d'un *contextual* bien tangible qui sera pour beaucoup dans la construction de sa réalité. Cette créalité c'est-à-dire sa réalité perçue au travers des biais de cognition augmentée des suggestions qui sont passées et acceptées par le cerveau. Parcourons cette chronologie.

avant

A un certain moment cette cliente imagine d'aller voir un hypnotiseur, et si nous ne savons pas comment elle a eu cette pensée (Conseil d'un proche ou d'une connaissance, lecture, site internet ….) nous pouvons calibrer qu'il y a eu un « avant » et un « après » cette pensée. Ensuite la personne a recherché un contact et vous a finalement appelé pour demander un rendez-vous. Apparemment cette période durant laquelle elle ne vous connait pas encore ne vous permet pas de passer vos suggestions, mais apparemment seulement comme nous allons le voir dans la suite.

| coup de fil | Le premier coup de fil proprement dit est ici à l'initiative de la cliente et il s'ensuit une conversation téléphonique entre vous. |

Toutefois cette conversation ne va pas exclusivement vous permettre de convenir d'un rendez-vous. Comme dit Lydie Salvayre — Dans *une conversation, parler et se taire c'est la même chose* — Et cette conversation est une belle première occasion d'affuter votre compétence de calibration et de suggestion. Elle va vous permettre de calibrer de nombreux éléments, de commencer à en décoder d'autre et de passer des suggestions généralistes, aidantes et stratégiques.

— *j'ai des acouphènes*

— *Bien, nous verrons...ou plutôt nous entendrons* {confusion, attentes} [S.11]

La pré-induction commence dès que vous avez réussi à décrocher, le combiné téléphonique et votre attention consciente. Vous passez alors en écoute flottante mitigée de calibration, de recadrage et de suggestions.

Fissuration du symptôme : — Est-ce symétrique ou moins fort d'un côté ? [S.182]

Règles du jeu : — Avez-vous déjà été hypnotisé officiellement ? [S.140]

Effet Dr Fox : — Cela disparait spontanément entre 2 et 72 mois. [S.117]

La date et le moment du rendez-vous peut constituer une suggestion

Futurisation : — Je vous donne un rendez-vous le matin si c'est plus fort le matin ou sinon l'après-midi. Nous aurons besoin que cela se manifeste vraiment en séance. {Mise en action et recherche des exceptions} [S.182]

Tâche d'observation : — D'ici là, j'aimerais que vous notiez sur un cahier toutes les fois où cela diminue le matin sans raison. Notez aussi ce que vous veniez de faire à ce moment. {Focalisation sur les exceptions et intention paradoxale} [S.14]

Sur cet exemple d'acouphène. Il est logique de s'enquérir d'un diagnostic médical et de conseiller une visite médicale chez un spécialiste pour rechercher une éventuelle pathologie :

Mais ensuite, en l'absence de toute pathologie, ou de façon complémentaire, et pour améliorer le confort de vie vous pouvez proposer de minimiser ou faire disparaitre le désagrément par l'hypnose.

une semaine

La cliente va passer une semaine avant de venir vous voir. Cette semaine d'inter séance est sous le signe de la tonalité des suggestions déjà faites. La cliente va développer un imaginaire de ce que pourrait être la séance, elle va imaginer, voire fantasmer et d'une certaine manière commencer le travail sur la base de vos suggestions. Ces suggestions passées lors du coup de fil pourraient être :

Prescription de tâche : Elle va noter sur un cahier ou bien oublier de noter, ou même oublier de se procurer un cahier. {Dans tous les cas se sera de la matière pour la séance}

Recadrages : Peut-être va-t-elle calculer combien d'année font 72 mois ? Mais la suggestion — Cela *disparait spontanément* — sera passée.

Point de vue : Le premier changement, ce sera d'abord le regard ou la sensation que ressent la cliente car sa tâche d'observation va l'obliger à changer de point de vue.

séance 1

A la première séance, vous pouvez penser que vous n'aurez pas une seconde chance de faire une première impression mais en fait la première impression a déjà eu lieu lors du coup de téléphone.

Dès lors qu'allez-vous dire en premier ? C'est assurément une décision importante car cette phrase va structurer votre intervention ou du moins sa perception par la cliente. D'une certaine manière vous avez en face de vous une personne en transe qui attend une suggestion. Cette première suggestion va de toute manière s'ériger en règle du jeu de la relation d'aide.

— Vous avez de la chance d'avoir ce rendez-vous rapidement, j'ai lu qu'aux états unis pour certains hypnothérapeute il y avait un délai d'attente de 90 jours ! Et j'ai vu cette étude qui disait que les personnes qui avaient un rendez-vous disaient aller déjà beaucoup

mieux ! Justement, commençons par ce qui a changée pour vous de-
puis que vous avez pris rendez-vous ? {Homme de paille} [S.105]
Calibrer la réponse, c'est un précieux matériel pour continuer et
toute exception va dans le sens de la solution.

Pour la suite prenons pour acquis que la médecine a déjà été consul-
tée, que vous rappellerez à la cliente que le traitement médical ne
doit pas être interrompu sans avis médical et qu'il s'agit donc pour
vous d'une demande d'amélioration de confort.

<u>En pré-induction :</u> *— Vous n'avez pas oublié le rendez-vous, c'est*
une compétence intéressante, parfois j'oublie même mon numéro
d'immatriculation et quand je vais payer le parcmètre je ne m'en
souviens plus...je ne parviens plus à me le réciter dans ma tête, c'est
bête mais je dois marcher jusqu'à la voiture {Anecdote pour préparer l'amnésie} [S.29]

Ou encore *: — Vous êtes venu en voiture ? La voiture cela fait du*
bruit mais c'est bien pratique et parfois en conduisant on ne l'en-
tend pas parce qu'on pense autre chose. Et pourtant cela fait du
bien quand on arrête le moteur ! {Préparer la perception des sons}
Ou encore : *— Je vous prie de m'excuser il y a des travaux dans la*
rue et cela fait pas mal de bruit mais c'est provisoire et c'est quand
même intéressant car depuis, je n'entends plus les voisins {introduc-
tion du voisin}} [S.111]

<u>Essayez plusieurs stratégies possibles :</u>

1   <u>Amnésie</u> : Tout simplement la suggestion d'oubli complet
du symptôme. *— Le moyen de s'occuper de ces sensations désa-*
gréables, c'est simplement de les oublier comme lorsque vous avez
un mal de crâne et que vous allez au cinéma, Alors que le film est si
intéressant, le suspense si bien fait, que vous ne pensez plus à votre
mal de tête pendant deux jours. [S.29]

2   <u>Modifier les biais de perception par une anecdote métapho-</u>
<u>rique</u> du filtre à huile sur la voiture qui retient 90% de ce qui gêne.
— Vous savez comment le filtre à huile protège la voiture...... c'est
simplement de filtrer ces bruits qui vous gênent. [Métaphore]

3   <u>Dissociez le corps et le symptôme :</u> *L'acouphène est comme*
un voisin qui vous salue et qui part ensuite loin de chez vous. —
Imaginez sa maison et meublez-la confortablement : un canapé, un
écran plat etc. pour qu'il se sente très bien chez lui......... que se

passe-t-il quand le voisin s'en va chez lui. Demain il prévoit de partir quelques jours dans sa résidence secondaire qui est au bord de la mer. [S.27]

4   Déplacer le bruit vers l'extérieur : C'est une grande première victoire de déplacer un bruit intérieur vers le même bruit extérieur parce qu'il est alors perçu comme une production externe, cela présuppose qu'il peut s'atténuer avec une isolation phonique ou même disparaitre : —*Avez-vous déjà observé un grimpeur qui monte en libre ? Souvent il est immobile sur la paroi. Lorsqu'il a un pied sur une prise plus haute que l'autre ; il lui suffit de déplacer le poids sans bouger et il est monté, il s'est déplacé sans bouger vers son objectif. Comment se déplace ce bruit de l'intérieur vers l'extérieur sans bouger ? Ecoutez attentivement et maintenant d'où imaginez-vous que le bruit vienne ?*

— Lorsqu'on rénove un bâtiment en l'isolant par l'extérieur on peut placer des isolants phoniques de diverses qualité, il y a la laine de verre en 15 cm d'épaisseur qui isole déjà bien, mais on peut aussi utiliser du liège ou de la laine de verre de 30 cm d'épaisseur ou de la cellulose parce qu'elle est douce ou si on utilise 40 cm de laine de verre, en plus de l'isolation thermique, on n'entend plus rien chez les voisins. [S.179]

Pour prolonger la séance : *— Vous allez acheter un carnet qui ne servira qu'à cela, puis vous prendrez 5 minutes seule tous les soirs pour y noter l'intensité de la hausse ou de la baisse des acouphènes et vos pires inconvénients qui peuvent survenir selon les événements de la journée* [S.14] {poser une prescription d'intention paradoxale}
Ou encore : *— Je vais vous poser deux questions mais vous n'aurez pas à répondre à la première avant la prochaine séance :*
   o *Quelle est l'exception dans votre vie ou il n'y a pas du tout d'acouphène ?* [S.51] {pour initier un processus inconscient de recherche trans-dérivationnelle}
   o *Vous êtes venu en métro, il y a du monde ? {Pour noyer le poisson}*
Ou encore : *— Je demande à votre inconscient d'activer les rêves chaque nuit pour vous proposer :*
   o *Des manières de vous entendre.*

o *Des solutions à essayer.*

Prescription :

— *Chaque soir avant de vous coucher, tirez à pile ou face.*
Pile vous dormez avec une boule Quies et face avec deux. [S.18]
{transformer le symptôme en le confrontant au hasard}
Fixer le cadre du prochain rendez-vous :
— *De combien de temps avez-vous besoin avant un autre rendez-*
vous ? {Présuppose un autre rendez-vous mais donne l'autonomie}

 Sur la rupture de pattern de fin de séance : En *fin de*
séance vous raccompagnez la cliente à la porte du ca-
binet. Elle part d'un pas décidé vers sa voiture, le pat-
tern séance d'hypnose est terminé, mais vous l'interpellez et elle se
retourne alors étonnée : {profitez de la rupture de pattern}
— *Au fait savez-vous ce que dit le pain quand on le coupe ?*
— *euh ...non*
— *Il diminue !* [S.69]

10 jours

La cliente va passer dix jours en inter
séance. C'est la durée dont elle avait besoin puisqu'elle l'a choisie avant de revenir en séance. Durant cette semaine
d'inter séance, elle est seule devant sa problématique et c'est selon
les suggestions post hypnotiques au sens large que vous avez pré-
vues qu'elle dispose d'outils pour changer :

Auto recadrage avec le carnet : Elle va passer un temps journalier
avec son carnet et sans doute constater qu'elle ne le remplit pas autant qu'elle aurait cru.

Expérience du tirage pile ou face : Ce qui est reflexe et inconscient
devient imprévisible puisque décidé par le hasard. Cela le place hors
d'atteinte même de l'inconscient. — *Le hasard a-t-il un bruit ?*

Processus inconscients : les processus inconscients mis en place
vont tourner en tâche de fond et notamment en recherche d'exception à la présence des acouphènes.

Rêves apporteurs de solutions : les rêves qui ont été suscités ont fait
travailler l'inconscient une partie de la nuit pour la cliente et sont
intéressants comme apport de solutions pour le changement.

La cliente expérimente le début du changement en phase onirique et pourra raconter parfois une riche matière pour avancer dans ses solutions.

séance 2

Vous pouvez ouvrir la séance avec : — Que *s'est-il changé depuis la dernière séance ?* {Suggestion de changement} ou plus suggestivement — Qu'est-*ce qui vous a rapproché de vos objectifs depuis la dernière séance ?* [S.140]

Et à l'écoute du moindre changement, vous pouvez ensuite vous en servir :

— *Cela a diminué à gauche quand je mettais une seule boule Quies !*

— *C'est donc que vous avez la compétence pour modifier l'intensité, nous allons travailler cette capacité {présupposé de progrès}*

Utilisez par exemple un stratagème chinois comme — *Pour redresser quelque chose, il faut d'abord le tordre davantage.*

Proposez d'augmenter la puissance des acouphènes : Après avoir demandé de positionner la sensation désagréable sur une échelle de zéro à dix suggérez une amplification significative de l'acouphène :

— *Quelle intensité pour cette sensation désagréable entre zéro, vous n'entendez rien et dix vous n'entendez que cela ! Et dès que vous avez une réponse [par ex 5] Je vous demande d'essayer d'augmenter cette intensité pendant 2 minutes ! A combien êtes-vous arrivé ?*

—*6 et demi.*

— *Bravo c'est la preuve que vous avez une action dessus, maintenant diminuez les d'un point.*

—*4, 3 et demi.*

— *Continuez que se passe –t-il quand vous arrivez à 2 et demi ?* [S.145]

Mine de rien cette expérience suggestive prouve et confirme à la cliente quelle a une action sur son acouphène.

— *A quel niveau voudriez-vous le régler pendant vos transports ? et pendant le temps de réunion au boulot ?*

Vous pouvez aussi suggérer une réinterprétation : Nous savons tous
que la nuit dans le train on finit par être bercé par la vibration. —
j'ai un ami dont le fils a pris un billet de train européen pour visiter
l'Europe ; Comme il ne payait pas le train il a dormi dans le train
durant deux mois de vacances d'été. Au début le bruit des rails le
gênait puis il n'y faisait plus attention. Ce qui est formidable c'est
que de retour chez lui, il n'arrivait pas à dormir dans sa chambre
sans le bruit des roues. [S.179]
Ou encore suggérer une amnésie : *Suggérez l'oubli de l'épisode*
acouphènes à partir d'une histoire naturaliste. —Le matin quand
vous vous habillez vous sentez le contact des vêtements, vous enten-
dez le bruit du froissement du tissus de la chemise, vous voyez vos
lunettes en les posant sur votre nez et comme vous avez une bonne
oreille vous entendez le frottement des branches des lunettes glis-
sant sur le dessus de vos oreilles. Et puis la journée avance, vous
marchez vers votre bol de café ou de thé ou d'autre chose et vous
devenez aveugle de vos lunettes, insensible au tissu et sourd aux
bruits inutiles comme ce climatiseur que vous n'entendez pas. {Sug-
gestion d'amnésie} *— Toute la journée vous n'entendez plus rien*
d'inutile parce que vous l'avez simplement oublié. [S.106]

Ou modifier métaphoriquement l'acouphène : *— Imaginez une*
bouilloire qui siffle et que l'on retire du feu et que l'on pose sur la
table ; et à côté un poste de radio où l'on baisse le son de plus en
plus... [S.179]
Et poser des suggestions post séance : *— Je vous ai appris à vous*
mettre en hypnose personnelle et vous êtes vraiment très douée. Je
suis impressionné, peu de clients sont à ce niveau ! [S.100] *Ce serait*
bien de pratiquer une fois par jour parce que si vous le faites une
dizaine de jour en suivant alors l'apprentissage sera effectif pour
toute votre vie. [S.44]

| fin de séance 2 |

Puis en profitant de suggestibilité accrue de fin de
séance : *Au moment de raccompagner la cliente :*
— En principe on ne se revoit plus ; mais si cela dis-
parait complétement et que cela vous inquiète revenez me voir.
{*Suggestion paradoxale}* [S.97]
Et au moment où elle quitte votre cabinet :

— Ah au fait j'ai oublié de vous dire que lorsque vous ferez de l'hypnose personnelle cela risque d'être beaucoup plus puissant et profond parce que je ne serais pas à côté de vous et cela lève une résistance. Prenez vos précautions et installez-vous sur un canapé ou un lit pour être très confortable et sans risque de chutes. [S.44] {Suggestion de compétence en hypnose personnelle et d'amplification}

aprés Vous ne voyez plus la cliente qui d'ailleurs ne vous donnera pas probablement pas de nouvelles si tout va bien. Donc vous ne savez pas ce qu'elle devient, mais vous pouvez projeter quels processus inconscients continuent à tourner dans sa tête.

A ce stade soit vous avez posé une suggestion post hypnotique en dernière séance :

— Mardi prochain, à 14h précise vous m'enverrez un sms pour dire que tout va bien et vous aurez le loisir de préciser les détails. [S.44]

Ou c'est vous qui envoyez le sms :

— Bonjour, je fais toujours un débriefing à froid au bout d'une semaine. Comment allez-vous et que vous apporte de mieux la pratique de votre hypnose personnelle ?

SUGGESTION POUR AMELIORER SES SUGGESTIONS ?

Les outils de l'amélioration des suggestions

Pour travailler la suggestion avec un grand « S » vous pouvez utiliser des outils complémentaires qui viennent amplifier ou permettre l'émergence de vos suggestions :

o La typologie des suggestions : Il est possible à l'infini, de générer d'autre types de de suggestion en faisant varier les cinq éléments de la typologie des suggestions.

— **Modifiez le canal** : Verbal, Para-verbal : (Postural), Intentional , Contextual :

— **Changez le moment** : Pré-induction , Inductives, Phase de travail.

— **Modifiez la congruence** : *Soignez l'incongruence ou la congruence.*

— **Calibrez la participation du sujet** : Immédiate, médiate .

— **Ajoutez des attributs** : **Confusionant**, Dissociant, etc...

o La synchronicité : (Je fais remarquer que le sujet a cassé sa paire de lacet avant de rentrer en séance au moment exact où je lui parle de casser avec son passé)

o La ratification : Au moment exact ou le sujet pense à truc ou fait chose je lui dis « tu penses truc ou tu fais chose »

o La lecture à froid : J'utilise des trucs de mentaliste. Par exemple, je lui demande de penser à deux figures géométriques à l'intérieur d'une troisième et je le surprends en devinant qu'il a pensé à un triangle isocèle.

o Le clean langage : Je ressers exactement le vocabulaire du sujet et en particulier ses métaphores que je me contente de filer sans les modifier.

o La calibration : C'est l'outil incrémental par excellence pour voir de mieux en mieux les suggestions passées et acceptées par le sujet.

o La boucle audio phonatoire : que nous verrons plus en détail ci-dessous.

Comment faire pour progresser ?

Vous pouvez choisir parmi plusieurs possibilités :

1. Par l'apprentissage classique (répétition consciente de la nouvelle connaissance, et écriture comme à l'école) Pour ce faire, relire souvent le guide, cocher une ou deux suggestions puis remplir un cahier de 10 lignes de chaque suggestion tous les soirs.

2. Par le découpage en petit modules logiques à essayer et à apprendre puis à maitriser. Vous pourriez dire :
— *Aujourd'hui, dans mes séances, je vais faire des suggestions de type truc.* — Cependant ce n'est pas facile et cela risque d'être contreproductif car vous serez focalisé sur un détail alors que la posture vous demande d'être avec votre sujet. C'est paradoxal, mais force est de constater que la séance n'est pas le meilleur endroit pour progresser dans ses suggestions.

3. Que vous soyez un hypnotiseur amateur qui fait une heure d'hypnose de temps en temps ou un professionnel qui fait 5 ou 6 séances par jour pour travailler les suggestions rien ne vaut de le faire hors séance. Pour cela utilisez donc la boucle audio-phonatoire :

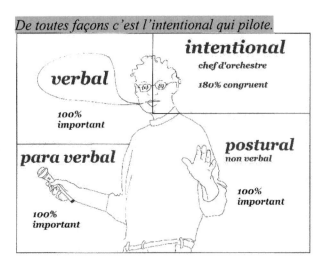

La boucle audio phonatoire

— L'intentional contrôle le discours en le pilotant par l'oreille.

Quand vous parlez durant une séance d'hypnose, vous faites comme monsieur Jourdain, un acte de phonation. C'est l'acte de créer du son et plus généralement un discours. Cet acte est parfois volontaire lorsque l'on pèse ses mots ou que l'on lit un texte avec application, mais à 95 % du temps, il est dirigé par l'inconscient, jusque dans le choix des mots et en grande partie pour les attributs décomposés en verbal, paraverbal et postural du discours que vous ne faites pas exprès.

On peut faire des exercices d'élocution pour réaliser des apprentissages sur la mécanique de la voix, sa hauteur, son rythme, mais cela ne travaillera pas la pertinence, la congruence du propos orientée vers la transe du sujet. Paradoxalement, pour améliorer drastiquement l'efficience du discours, et son adéquation avec la stratégie de suggestions hypnotiques, il est plus utile de travailler, non pas la production de parole, mais l'écoute inconsciente de ce que l'on dit. En effet cette écoute est le point de correction en temps réel. Autrement dit c'est parce qu'il écoute en temps réel que l'intentional peut adapter de superbes improvisations congruentes avec la réponse du sujet. Par exemple ajouter une ratification dépend principalement de la capacité d'écoute active en temps réel et cette compétence se travaille parfaitement en aiguisant l'écoute. C'est à cet endroit du processus que les progrès sont les plus faciles à obtenir (inconsciemment) et le mieux est de faire ce travail hors séance.

Par exemple pour mieux ratifier : Considérez chaque échange de la journée comme un terrain d'expérimentation de la ratification.

Vous ne faites pas d'hypnose toute la journée, mais vous pouvez ratifier toute la journée pour un entrainement hyper efficace.

A la boulangerie :

— *Bonjour, je voudrais une baguette !*

La boulangère vous demande un peu mécaniquement :

— *Quelle cuisson ?*

Vous pouvez répondre :

— *Vous me demandez quelle sorte de cuisson ?* {Vous ratifiez !}

— *oui ; la cuisson ?*

— *Puisque j'ai le choix, cuisson au feu de bois !* {Vous confusionnez !}

Tout au long de la journée, ratifiez et calibrez comment cela fait plaisir à vos interlocuteurs.

— *Billet s'il vous plait !*

— *Vous me demandez mon billet ?* {Vous ratifiez !}

— *Oui*
— *Le voici {calibrer le confort}*

Chaque jour, embarquez une suggestion qui vous a plu dans la liste de suggestions et faites-la tourner le plus possible sans hypnose, juste pour forger votre rhétorique hypnotique et surtout calibrez vos interlocuteurs. En réalité, vous entrainez votre écoute en amont puis dans la boucle audio-phonatoire.

CONCLUSION

Tout est suggestion pour celui qui a une intention. Il suffit de regarder les improvisations de son inconscient fleurir librement et de les faire agir dans la même congruence.

— *Observez vos suggestions. Elles s'arrangent en bouquets et transportent d'abord l'hypnose puis le sujet. C'est agréable de suggérer, n'est-ce pas ?*

POUR DONNER VOS SUGGESTIONS SUR CE GUIDE CONTACTER L'AUTEUR :

Coaching.bref@gmail.com

Du même auteur :

Guide des phénomènes hypnotiques, *Indispensable pour pratiquer l'hypnose* – Hypnose de référence

Coacher avec l'hypnose conversationnelle, *manuel pratique*, Interéditions

Influencer positivement, Guide pratique d'hypnose conversationnelle pour tous, Interéditions

Passe tes exams sous hypnose, 30 astuces d'hypnose personnelle pour réussir Bac,concours, examens, Dunod

150 stratégies d'hypnose conversationnelle, *pour le soin, la relation d'aide ou le coaching*, Interéditions

Du même auteur :

LISTE DES 180 SUGGESTIONS :

Auto suggestion

Métaphore

Ordre alphabétique

Guide des suggestions hypnotiques

Catalogue de suggestions

Guide des suggestions hypnotiques

Catalogue de suggestions

Guide des suggestions hypnotiques

Catalogue de suggestions

Guide des suggestions hypnotiques

Catalogue de suggestions

Guide des suggestions hypnotiques

-6-**28**-496-8128-

Dépôt légal Septembre 2022

Trois points sur le verbe « hypnose »

Imprimé sur papier blanc de blanc hypnos.

3

Printed in France by Amazon
Brétigny-sur-Orge, FR

17129833R00105